T0036002

Un enfoque del reino

TONY EVANS
UN ENFOQUE DEL REINO

RECONSIDERANDO EL DÍA DE HOY
A LA LUZ DE LA ETERNIDAD

Un recurso de Enfoque a la Familia
Publicado por Tyndale House Publishers
Carol Stream, Illinois, EE. UU.

Un enfoque del reino: Reconsiderando el día de hoy a la luz de la eternidad

© 2023 por Tony Evans. Todos los derechos reservados.

Un libro de Enfoque a la Familia publicado por Tyndale House Publishers, Carol Stream, Illinois 60188

Originalmente publicado en inglés en el 2023 como *Kingdom Focus: Rethinking Today in Light of Eternity* por Tyndale House Publishers con ISBN 978-1-58997-952-9.

Enfoque a la Familia y el logotipo y diseño que lo acompañan son marcas registradas federalmente de Enfoque a la Familia, 8605 Explorer Drive, Colorado Springs, CO 80920.

Tyndale y el logotipo de la pluma son marcas registradas de Tyndale House Ministries.

Ninguna parte de esta publicación puede ser reproducida, almacenada en un sistema de recuperación de archivos o transmitida en formato alguno o cualquier medio —electrónico, mecánico, fotocopiado, grabado u otro— sin previa autorización escrita de Enfoque a la Familia.

Traducción al español por Patricia Cabral para AdrianaPowellTraduciones

Edición en español por Ayelén Horwitz para AdrianaPowellTraduciones

Diseño de la portada por Eva M. Winters

Fotografía del horizonte de la tierra en la portada © James Thew/Adobe Stock. Todos los derechos reservados.

Fotografía de las estrellas de la portada por Wil Stewart en Unsplash.com.

Las citas bíblicas sin otra indicación han sido tomadas de la *Santa Biblia*, Nueva Traducción Viviente, © 2010 Tyndale House Publishers. Usada con permiso de Tyndale House Publishers, 351 Executive Dr., Carol Stream, IL 60188, Estados Unidos de América. Todos los derechos reservados.

Las citas bíblicas indicadas con LBLA han sido tomadas de La Biblia de las Américas,® © 1986, 1995, 1997 por The Lockman Foundation. Usada con permiso. www.LBLA.com.

Las citas bíblicas indicadas con NVI han sido tomadas de la Santa Biblia, *Nueva Versión Internacional,*® NVI.® © 1999 por Biblica, Inc.® Usada con permiso. Todos los derechos reservados mundialmente.

Las citas bíblicas indicadas con RVR60 [sin otra indicación] han sido tomadas de la versión Reina-Valera 1960® © Sociedades Bíblicas en América Latina, 1960. Renovado © Sociedades Bíblicas Unidas, 1988. Usada con permiso. Reina-Valera 1960® es una marca registrada de las Sociedades Bíblicas Unidas y puede ser usada solo bajo licencia.

Las citas bíblicas indicadas con RVR95 han sido tomadas de la Reina-Valera 95® © Sociedades Bíblicas Unidas, 1995. Usada con permiso.

Para información acerca de descuentos especiales para compras al por mayor, por favor contacte a Tyndale House Publishers a través de espanol@tyndale.com.

ISBN 978-1-4964-8700-1

Impreso en Estados Unidos de América
Printed in the United States of America

29	28	27	26	25	24	23
7	6	5	4	3	2	1

CONTENIDO

INTRODUCCIÓN

Hay una historia sobre un muchacho que un día perdió una lente de contacto. Mientras trataba de colocársela, sin querer, dejó caer el lente al piso del baño. El muchacho se arrodilló y apoyó las manos en el suelo, tratando de encontrar lo imposible de encontrar. Al cabo de unos minutos, su mamá entró y vio lo que estaba haciendo.

El muchacho le contó a su mamá lo que había sucedido. Ella se arrodilló, miró alrededor y pronto localizó el lente de contacto. Después de que se la entregó a su hijo. Con una mirada de asombro, él le preguntó:

—¿Cómo la encontraste tan rápido? ¡La he buscado por lo menos durante diez minutos!

Su mamá respondió:

—Ah, es fácil: Tú buscabas una lente. Yo buscaba doscientos cincuenta dólares. ¡Hay una gran diferencia!

Su enfoque suele estar determinado por su necesidad. Si el muchacho nunca hubiera encontrado el lente, sabía que su mamá de algún modo la reemplazaría. Pero su mamá sabía que si *ella* no encontraba el lente, se quedaría sin dinero para la compra del supermercado de la semana siguiente. Esta consciencia de lo primordial, que era hallar el lente de contacto, agudizó su capacidad para enfocarse. Como resultado, encontró exactamente lo que buscaba.

El enfoque marca la misma diferencia en su vida tanto como en la mía. Si nos mantenemos ocupados enfocándonos en las frivolidades externas o en las ambiciones personales, en lugar de en el reino de Dios, dejaremos escapar la oportunidad de servir al reino de Dios, así como las otras cosas que esperábamos lograr en la vida. ¿Cómo lo sé? Porque Jesús lo dijo. En Mateo 6:33, lo dijo más claro que nadie: «Busquen el reino de Dios por encima de todo lo demás y lleven una vida justa, y él les dará todo lo que necesiten».

Solemos leer este versículo con prisa porque es uno de los tantos que conocemos bien. Creo que podría tener un mayor efecto si, en cambio, lo invirtiéramos en su forma negativa: No busquen en primer lugar el reino de Dios ni una vida de justicia, y tampoco tendrán muchas de las otras cosas que desean.

Es bastante claro. El salmista lo dijo de otra manera: «Deléitate en el Señor, y él te concederá los deseos de tu corazón» (Salmo 37:4). Si invertimos ese versículo de forma negativa, dice algo como esto: No te deleites en el Señor, y él no te concederá los deseos de tu corazón. Expresado de esa manera, es fácil ver dónde necesitamos poner la atención en esta vida. En qué nos enfoquemos es importante no solo para la eternidad (como hemos visto en estos dos versículos fundacionales); también es importante para nuestra vida ahora mismo.

Mientras empezábamos a sentir que la vida volvía a una rutina más normal después de la pandemia de COVID-19, escuché comentarios de personas que relataron cómo los confinamientos y el período de la pandemia, en general, fueron esclarecedores para ellos en lo personal. Ese tiempo les dio el espacio que necesitaban para ver qué les importaba en realidad. Muchas personas se mudaron al otro lado del país para estar más cerca de su familia. Otras cambiaron de empleo. Algunas incluso cambiaron de profesión por completo, y una familia que conozco decidió retirarse anticipadamente y se mudó al Caribe. Esa temporada específica de espacio y de cambio le abrió los ojos a muchos a lo que era verdaderamente importante.

En las Escrituras, Dios nos dice qué es lo más importante para él. Cuando alineamos nuestra vida con su Palabra, disfrutamos la mayor libertad que podríamos conocer. Logramos experimentar una vida con la cobertura de cuidado prometida en su pacto. En este libro, dedicaremos un tiempo a enfocarnos en las cosas que Dios mismo se enfoca en las Escrituras. Vamos a explorar los asuntos que deleitan su corazón, para que podamos descubrir el gozo y el poder de deleitarnos en los mismos temas o, al menos, similares.

En la primera mitad del libro analizaremos los hábitos espirituales que podemos adoptar para mejorar nuestro enfoque en su reino y aprovechar al máximo la vida mientras estemos en este mundo. En la segunda mitad del libro profundizaremos en el carácter y en el corazón de Dios y veremos cómo su amor por nosotros nos guía en cada paso del camino. He diseñado este libro intencionalmente de este modo para que empecemos por los cimientos y, luego, edifiquemos sobre ellos con lo que más frutos dará en nuestra experiencia como seguidores del reino que viven en la tierra.

Agradezco que haya decidido pasar un tiempo conmigo en estas páginas. Estoy agradecido porque el hecho de vivir a la luz de la perspectiva integral de Dios es algo que muy pocos cristianos comprenden de forma acabada y; sin embargo, es probable que sea lo que más afecta nuestra vida, además de la salvación en Jesucristo. Mi oración por usted es que, a medida que recorra estos capítulos, Dios tome las verdades y los principios que hay en cada párrafo y las escriba en su corazón.

Tengo la esperanza de que Dios mejore su enfoque, transforme su mente y le dé la fortaleza para vivir cada aspecto de su vida a la luz del reino al cual ha sido elegido y llamado para un momento como este.

1

EL EMPEÑO

Una de mis áreas favoritas del ministerio a lo largo de tantos años ha sido servir a los deportistas profesionales. Ya sea que jueguen al baloncesto, al béisbol o al fútbol americano, cada vez que un jugador recurre a mí como confidente, consejero o amigo lo considero un honor. Todo aquel que me conoce sabe que soy un ávido aficionado a los deportes. Amo la adrenalina de la competencia. Disfruto de ver cómo los deportistas se esfuerzan más de lo que pensaban que podían. Hago mía la pasión por alcanzar el objetivo. Es por esto que ministrar a los atletas y lograr un impacto en sus vidas, de cualquier manera que me sea posible, ha sido causa de gran satisfacción para mí.

Una de las actitudes que tienen en común los deportistas profesionales con los que más me relaciono es el enfoque de trabajar para alcanzar un objetivo. Por ejemplo, todos los jugadores de fútbol americano que van a la NFL (Liga Nacional de Fútbol Americano) son parte de un equipo que tiene un objetivo general: no solo llegar al Supertazón al final del año, sino también ganarlo.

He tenido el privilegio de hablarles a varios equipos de la NFL la noche anterior al gran partido del Supertazón, y la energía colectiva que hay en la sala siempre me asombra. Se genera una fuerza sinérgica cuando tantos hombres apasionados, dedicados y comprometidos aúnan sus esfuerzos para lograr un objetivo en común. Todas las miradas están puestas en el premio: el Trofeo Lombardi.

De hecho, todas las miradas estaban puestas en ese premio desde la temporada de prácticas de verano. Incluso, desde la universidad o la preparatoria. En el caso de muchos jugadores, su mirada estaba puesta en ese premio desde niños, cuando jugaban fútbol americano con sus amigos los sábados a la tarde. Su enfoque no comenzó la noche anterior al Supertazón. No, estos jugadores de fútbol americano se consagraron a enfocarse en el objetivo mucho antes de que su esfuerzo y su determinación los hicieran llegar al Supertazón.

Este enfoque estaba presente en el gimnasio, cuando hacían repetición tras repetición para desgarrar y desarrollar los músculos, y en el campo de juego, donde ejecutaban jugada tras jugada para perfeccionar sus movimientos y sus habilidades. Fue el enfoque en ese objetivo lo que impulsó a estos hombres, estimulándolos en cada doloroso y extenuante paso del camino.

Sin ese objetivo, el esfuerzo hubiera decaído.

Sin ese objetivo, se hubieran salteado de vez en cuando los entrenamientos a primera hora.

Sin ese objetivo, a la larga, la pasión se hubiera desvanecido y hubiera sido reemplazada por la juerga.

Este único objetivo (ganar el partido que proclama ante todo el mundo que este es indiscutiblemente el mejor equipo del año) es lo que motiva su empeño constante. El ganar el Supertazón hace que el equipo pase a la historia. Es la meta que impulsa a estos jugadores, entrenadores y equipos de apoyo a trabajar cuando nadie los mira, a perseverar cuando les duelen los músculos y se les cansa la vista por analizar tantos videos.

Nunca escuchará a un solo jugador o entrenador de un equipo de la NFL decir al comienzo de la temporada: «Bueno, espero que este año ganemos un par de partidos». Jamás. El objetivo no es ganar uno o dos partidos. El objetivo no es ganar más partidos que el año pasado. La meta no es solo mejorar las marcas del equipo, llenar más plateas del estadio ni conseguir más publicidad. Aunque estas cosas son buenas para un equipo de fútbol americano, ninguna de ellas es el verdadero objetivo. El objetivo es el trofeo; corto y simple.

El objetivo es la victoria en el último partido del año.

Este empeño apasionado por lograr el objetivo domina la vida de cada compañero del equipo. Es este enfoque lo que impone su dieta, sus rutinas de entrenamiento, sus hábitos de sueño, sus planes, etcétera. Este incentivo influye sobre todas las cosas. Cada decisión converge hacia el objetivo de ganar el último partido del año.

Y, si bien no hay que esforzarse demasiado para entender, apreciar o, incluso, respetar esta actitud de los deportistas profesionales, muchas veces parece que nos costara entender por qué deberíamos poner en práctica el mismo impulso y la misma pasión como seguidores de Jesucristo.

Como seguidores del reino, usted y yo jugamos en el mismo equipo. Jugamos en el equipo del reino de Dios. Debido a ello, todos compartimos el mismo objetivo. Además, jugamos bajo la dirección del mismo cuerpo técnico. Y tenemos algo así como nuestro propio Supertazón espiritual para el cual trabajamos. Ahora bien, mientras que el partido sin duda se juega en este mundo, la ceremonia y la celebración por la victoria final suceden en la eternidad.

Puede que esta desconexión (el abismo que hay entre lo que hacemos *aquí* y los resultados definitivos *allá*) sea lo que disperse nuestro enfoque. La verdad es que somos muchos los que fallamos en esto de vivir nuestra vida en la tierra con una mentalidad de eternidad. Pero, ya sea que nos enfoquemos en la eternidad o no, el resultado es inevitable. Un día, usted y yo estaremos de pie ante el trono del juicio de Cristo. Pasaremos de aquí hacia allá y compareceremos ante el Señor. Y, cuando lo hagamos, tendremos una de las dos experiencias posibles.

La primera opción es presentarse ante Cristo como un triunfador y un vencedor espiritual, habiendo cumplido su voluntad en la tierra. La segunda opción es presentarse ante él habiendo fallado por no aprovechar al máximo el destino que Dios preparó específicamente para cada uno de nosotros aquí.

Ganar el trofeo supremo que viene de Dios es escuchar las palabras: «Bien hecho, mi buen siervo fiel» (Mateo 25:21). La alternativa es no poder recibir una medida sustancial de recompensas eternas. Depende por completo de usted qué resultados obtenga. Sus decisiones, pensamientos, emociones y esfuerzos en la tierra definirán sus galardones eternos. La eternidad en sí misma está garantizada solo mediante la fe en Cristo. Pero el nivel de premios que alcance depende de usted.

Cada Supertazón tiene dos equipos rivales que luchan uno contra el otro por el trofeo. Nuestra actividad espiritual es un poco diferente. Usted, el cristiano, lucha contra las fuerzas malignas de Satanás y sus siervos, así también, contra su propia naturaleza pecadora. En esta batalla, hay una diferencia importante de lo que vemos en el típico partido. Las fuerzas contra las que pelea no procuran el mismo premio que usted. Más bien, están decididas a hacer que pierda *su* premio.

Es como el equipo de la NFL que ya fue eliminado de los partidos de desempate, pero sigue jugando para ganar sus partidos finales. La motivación para vencer radica en su deseo de dejar fuera de la competencia a alguien y que este alguien no logre lo que este equipo ya no puede ganar. Satanás no tiene ninguna posibilidad de una eternidad marcada por el gozo, la bondad o las recompensas eternas. Su destino quedó sellado cuando decidió rebelarse contra Dios, en el comienzo de los tiempos. Sin embargo, eso no le impide intentar que no ganemos nuestros premios eternos.

Y recuerde mis palabras: La estrategia de Satanás es astuta.

Él se esfuerza para que usted viva permanentemente en un estado de olvido. Quiere que se olvide de quién es en Cristo. Pretende que olvide que usted es de otro Rey y de otro reino. Pretende que olvide que la tierra no es su hogar en realidad. Cuando usted se olvida de estas cosas, y de otras, es cuando deja de procurar los premios del día venidero. Si Satanás logra borrar de su mente el hecho de que un día usted se presentará ante el trono de juicio de Cristo, puede dificultar su progreso en el servicio al reino en la tierra. Si Satanás consigue eliminar la idea de la eternidad de cada cosa del itinerario de su vida, logrará que viva solo para el presente, para lo que puede ver, sentir y experimentar en el momento.

Cuando esto sucede, Satanás no solo perjudica el avance de los planes del reino de Dios en la tierra, sino que además le roba a usted el acceso al potencial completo de su recompensa eterna. Satanás es el ladrón que ha venido a «robar y matar y destruir» (Juan 10:10).

Sin embargo, Dios nos ha dado una manera de ser más listos y derrotar a nuestro enemigo. Como un entrenador, el apóstol Pablo nos da una idea de la estrategia de Dios (el sacrificio redentor de Jesús), tanto como de nuestra meta, cuando escribe sobre su enseñanza de Jesucristo: «Hablamos a otros de Cristo, advertimos a todos y enseñamos a todos con toda la sabiduría que Dios nos ha dado. Queremos presentarlos a Dios perfectos en su relación con Cristo. Es por eso que trabajo y lucho con tanto empeño, apoyado en el gran poder de Cristo que actúa dentro de mí» (Colosenses 1:28-29).

Nuestro objetivo es la compleción espiritual, ya sea la propia o la de nuestros hermanos y hermanas en Cristo. Nuestra madurez plena en Cristo sirve como puntaje final para el día en que nos presentemos delante de él. Y dado que la compleción espiritual es nuestro objetivo, es fundamental que entendamos qué significa presentarnos «completos»; de lo contrario, no sabremos en qué empeñarnos en realidad.

Qué edad tiene en realidad

La palabra *completo* quiere decir «maduro». Se refiere a ser espiritualmente adulto. También significa ser íntegro, reflejar el carácter y las cualidades de Jesús. Usted está completo cuando ha cumplido y terminado todas las cosas para las cuales fue creado, tanto en el interior como en el exterior. Efesios 2:10 dice que fuimos puestos en la tierra para cumplir los propósitos que Dios tiene para nosotros: «Pues somos la obra maestra de Dios. Él nos creó de nuevo en Cristo Jesús, a fin de que hagamos las cosas buenas que preparó para nosotros tiempo atrás».

Habrá semejanzas entre los cristianos en cuanto a progresar en la plenitud espiritual y completar el propósito de Dios en nuestra vida, pero también habrá diferencias. A pesar de que podemos reflejar el carácter de Jesús de maneras similares, hacer realidad nuestro destino individual y divino tendrá distintas formas para cada uno de nosotros.

Al fin y al cabo, su propósito fue elegido exclusivamente para usted. No es el mismo propósito que el de su vecino o el de su amigo. Su propósito divino es *específico*, uno para el cual *usted* ha sido equipado. Como el deportista de una competencia individual en los juegos olímpicos, usted tiene que completar sus propias buenas obras. Yo tengo mis propias buenas obras.

Uno de los temas que suelen surgir en estos tiempos que corren de acceso a tanta información es la cuestión nociva de la comparación. Quizás, usted mira en Internet el perfil de alguien que parece estar haciendo mucho más que usted en cuanto a su vida de fe. Esto puede provocar que se desanime y retroceda en el enfoque de sus propios objetivos. Pero esa persona con la cual está comparándose no tuvo el mismo pasado que usted. No tuvo que enfrentar los mismos obstáculos que usted.

Dios no evaluará si cumplió el propósito de otra persona. Él no lo *preparó* a usted para que llevara a cabo el propósito de otro. Dios lo mirará y verá si usted ha completado lo que él le dio para que completara.

Todos sabemos que no siempre la edad cronológica de las personas es igual a su nivel de madurez. Muchos conocemos adultos que todavía son infantiles en el desarrollo de su vida emocional o espiritual. Presentarse ante el Señor como alguien completo, o maduro, quiere decir que usted ha madurado espiritualmente de manera tal que refleja los valores del reino de Cristo. Significa que se ha convertido en un adulto espiritual y que ya no es un niño espiritual. Un bebé no sigue teniendo el mismo peso que cuando nació, y usted y yo no seguimos teniendo el mismo nivel espiritual que teníamos cuando fuimos salvos. La madurez es el proceso de ser espiritualmente más profundos y de parecernos más a Cristo en nuestro carácter, conducta, actitudes y hechos.

La madurez espiritual no llega solo porque una persona acepte a Cristo como su Salvador. A decir verdad, la madurez espiritual suele ser una rareza. En varias ocasiones, Pablo tuvo que regañar por su falta de madurez a los miembros de las diferentes congregaciones con las que se relacionaba. En 1 Corintios 2 y 3, Pablo habla del hecho de que en Corinto había personas salvas que tenían conductas carnales. Después de cinco años de vivir como cristianos, permanecían en un estado de infancia espiritual. Pablo escribió palabras de frustración y de dolor porque el proceso de cinco años que debía llevarlos a madurar había producido poco y nada.

Algunos creyentes habían pasado mucho más de cinco años sin madurar. El autor de Hebreos interpela a algunos creyentes que eran salvos hacía más de treinta años y; sin embargo, aún no habían madurado:

> Nos gustaría decir mucho más sobre este tema, pero es difícil de explicar, sobre todo porque ustedes son torpes espiritualmente y tal parece que no escuchan. Hace tanto que son creyentes que ya deberían estar enseñando a otros. En cambio, necesitan que alguien vuelva a enseñarles las cosas básicas de la palabra de Dios. Son como niños pequeños que

necesitan leche y no pueden comer alimento sólido. Pues el que se alimenta de leche sigue siendo bebé y no sabe cómo hacer lo correcto. El alimento sólido es para los que son maduros, los que a fuerza de práctica están capacitados para distinguir entre lo bueno y lo malo.

HEBREOS 5:11-14

Eran cristianos alimentados a «leche» que, a esa altura, ya deberían haber sido cristianos «carnívoros». Los «cristianos de leche» son los creyentes que no han desarrollado el hábito de ir a la Palabra para encontrar las respuestas a las cuestiones de la vida. No están acostumbrados a resolver la realidad de la vida desde la perspectiva de Dios. Más bien, se dejan dirigir primero por sus propias emociones, sus amistades, su familia, la cultura, los medios de comunicación o por cualquier otra cosa que los alimente con rapidez, de manera cómoda y fácil.

Los cristianos de leche no existían únicamente en los tiempos de Pablo. Hoy en día son igual de preponderantes. Son cristianos que pueden escuchar cincuenta sermones al año, leer una docena de devocionales, participar en estudios bíblicos virtuales, en grupos pequeños (lo que se le ocurra) y, a pesar de todo, nunca experimentan la victoria en su vida mediante el crecimiento y el empoderamiento personal. El cristiano de leche es un cristiano derrotado que menciona el nombre de Jesucristo, pero le quita toda su fuerza y, como este es el caso, es incapaz de enseñar a otros.

Por otro lado, los «cristianos carnívoros» han descubierto la habilidad para el discernimiento espiritual. Saben cómo tomar decisiones correctas basándose en la voluntad revelada de Dios, tal como está descrita a través de los principios y los preceptos de su Palabra. Su capacidad de ver el mundo como es en realidad les da la libertad para no ser atrapados por las apariencias de las cosas.

Demasiadas personas han sido engañadas porque tomaron decisiones basándose en cómo aparentaban ser las cosas, más que en cómo eran verdaderamente. Sin un nivel de discernimiento espiritual afinado, las decisiones de las personas reflejarán, sin falta, su infantilismo espiritual y la subsecuente carnalidad.

Si pusiera a un bebé en el piso, junto con una canica brillante y un pequeño diamante, el bebé siempre se sentiría atraído por la canica brillante. La canica brillante es más grande y más llamativa que el diamante. Pero si le preguntara a un adulto cuál de los dos elegiría y conservaría, el adulto escogería el diamante. Esto es porque el adulto posee un nivel de discernimiento que le informa sobre el valor de los dos objetos, más allá de lo que perciba a simple vista.

Muchos nos hemos sentido atraídos por relaciones, circunstancias, profesiones y oportunidades brillantes, solo para descubrir que, cuando el brillo desaparece, no queda mucho más. Vivir su vida con un enfoque del reino le da la capacidad para discernir el *valor* más allá de las apariencias exteriores o de sus propias emociones. Le ofrece las habilidades que necesita para decidir con sabiduría y lo prepara para la realización de los propósitos que Dios tiene para usted.

Cuando va a un cine 3D, recibe unas gafas especiales para mirar la película. Desde luego, es libre de mirarla sin estas, pero la imagen se verá borrosa. No solo desaprovechará los efectos 3D, sino que también desaprovechará los efectos visuales habituales porque, sin las gafas, la imagen no es clara. Los creyentes inmaduros que se alimentan con leche son como los que van al cine 3D y no usan las gafas 3D. Pueden ver la película, seguro. Pero no podrán ver todo lo que hay para ver.

Nuestro objetivo como cristianos, según Pablo, es prepararnos para ver con la vista divina de Dios. Debemos aprender a poner en práctica la sabiduría espiritual a los asuntos terrenales. Cuando lo hagamos, tomaremos decisiones y viviremos la vida alineados con Dios y con su punto de vista. Cuando vivamos con su perspectiva y con la claridad de su reino, tomaremos decisiones teniendo en mente la eternidad. Discerniremos las circunstancias terrenales, siendo a la vez conscientes del cielo. Cuando enfrentemos desafíos, tendremos en cuenta nuestra posición en Cristo.

Este tipo de perspectiva eterna influye nuestras decisiones, pasiones, intereses y esfuerzos. Así como el jugador de fútbol americano que se despierta antes del amanecer para ir al gimnasio (sabiendo que su inversión actual dará frutos después), vivir con un enfoque del reino es mucho más que una actividad de los domingos.

Es lo que hacemos a cada minuto de cada día.

Proseguir hacia la meta

En la carta del apóstol Pablo a la iglesia de Filipos, nos encontramos con una ilustración de cómo el enfoque en la claridad del reino se manifestará en la vida del creyente:

> No quiero decir que ya haya logrado estas cosas ni que ya haya alcanzado la perfección; pero sigo adelante a fin de hacer mía esa perfección para la cual Cristo Jesús primeramente me hizo suyo. No, amados hermanos, no lo he logrado, pero me concentro únicamente en esto: olvido el pasado y fijo la mirada en lo que tengo por delante, y así avanzo hasta llegar al final de la carrera para recibir el premio celestial al cual Dios nos llama por medio de Cristo Jesús.
>
> FILIPENSES 3:12-14

En estas declaraciones a la iglesia, Pablo les recuerda a los lectores sus propias fallas. En un espíritu de autenticidad, no elogia sus propias conquistas ni destaca sus éxitos. Más bien, comparte libremente su propia falencia. Este espíritu de humildad y de entrega aparece con frecuencia en los escritos de Pablo a lo largo del Nuevo Testamento, lo cual lo convierte en un gran modelo de enfoque en el reino y alguien de quien sacaremos ideas a lo largo de este libro.

Después de todo, él es el cristiano más espiritual, lleno del Espíritu y dotado de toda la cultura bíblica neotestamentaria y; sin embargo, deja en claro que todavía «no lo ha logrado». Aún tiene camino por recorrer, aún no ha alcanzado el punto de la madurez espiritual ni ha cumplido el propósito divino para el cual fue creado.

Deberíamos apropiarnos de la sinceridad de Pablo. Vivir con la claridad del reino no significa que dominamos todas las cosas ni que somos unos santos súper espirituales y engreídos. Vivir con la claridad del reino significa reconocer las equivocaciones propias y, en consecuencia, depender del poder de Dios para perfeccionar lo que no puede perfeccionar por sí mismo.

La vida cristiana es una vida de buscar perpetuamente el crecimiento. Cuando aconsejo a personas que tienen problemas en diferentes áreas de su vida, hay momentos en los que se sienten decepcionadas o estancadas. Todavía no han llegado al punto de la libertad, la plenitud o la madurez que desean; a pesar de sus intenciones para ese objetivo. Yo siempre les hago la misma pregunta: «¿Hoy avanzó más que ayer? ¿Está más completo hoy que hace unos meses o años atrás?». Si la respuesta es afirmativa, entonces, les aseguro que están en el camino correcto. Nadie tendrá la psiquis de un físicoculturista después de un solo entrenamiento; la madurez espiritual tampoco sucede simplemente por el paso del tiempo y sin algún esfuerzo de nuestra parte. El crecimiento y el desarrollo son un proceso, y cuanto más paciente y constantemente cooperemos con ese proceso, más avanzará nuestro crecimiento espiritual.

Nuestra perfección definitiva no tendrá lugar hasta que se haya concretado el paso a la gloria eterna y a nuestra forma eterna. Por lo tanto, desde ahora y hasta entonces, cada uno tiene que mantenerse en un estado constante de prosecución:

Proseguir a la persona de Jesucristo.

Proseguir en la madurez en él.

Proseguir para realizar los propósitos que Dios tiene para nosotros en la tierra.

Proseguir en la intimidad con Dios.

Proseguir para superar las dificultades y las tentaciones.

Proseguir en glorificar a Dios en todo lo que decimos y hacemos.

Proseguir conociendo a Dios y permitirnos ser genuinamente conocidos, a su vez.

Como un soldado enviado a una misión, su vida implica procurar metas, planes y tareas hasta que esa misión haya concluido. A pesar de que Pablo tuvo el privilegio de escribir trece libros del Nuevo Testamento, a pesar de que Dios le había revelado misterios que no había dado a conocer a nadie más y a pesar de que era considerado el líder de líderes en su época, Pablo sabía que su enfoque debía ser proseguir. Nunca descansó en sus logros. Tampoco su enfoque fue obsesionarse con el pasado. La gloria de los días pasados no lo absorbería. En cambio, Pablo perseveró y procuró lo que todavía estaba por llegar. Y nunca consideró que había acabado hasta que hubo «terminado la carrera» y estuvo preparado para irse a casa (2 Timoteo 4:6-8).

Es esencial entender que, aunque la salvación es gratuita y nos es dada a través de la obra redentora de Jesucristo, el crecimiento y la madurez espirituales no son automáticos. Nunca descubrirá su propósito divino mientras se mueva por la vida en piloto automático. No crecerá espiritualmente pidiéndole un deseo a una estrella. Tiene que insistir, como Pablo, en la decisión empeñada de priorizar su desarrollo espiritual para experimentar plenamente la voluntad de Dios para su vida.

La voluntad de Dios no sucede de casualidad. No le impone a usted la voluntad que prefiere. Usted no se despertará un día actuando, hablando y siendo como Jesús y habiendo cumplido a la perfección su destino. Para vivir la vida cristiana satisfecha y auténtica por la cual Cristo murió, usted debe proseguir.

Debe concentrarse en la prosecución.

Ahora bien, no me malinterprete. No estoy diciendo que Dios no lo ayudará en su prosecución. Sí, lo hará. Dios lo ayudará a ser responsable, pero no lo obligará. La Biblia no levitará ni se abrirá sobre su regazo por el simple hecho de que usted se despierte a la mañana. Dios no lo hará arrodillarse para pasar tiempo en oración con él. Dios respaldará su decisión de buscarlo, aunque no tomará esa decisión por usted.

Para alcanzar todo su potencial y aprovechar al máximo la razón por la cual fue puesto en este mundo, debe tomar la decisión de priorizar su crecimiento espiritual y empeñarse en lograr las metas del reino de Dios.

No solo eso: cada vez que pretenda seguir adelante, debe soltar el pasado. Pablo nos recuerda la importancia de hacerlo cuando dice: «Olvido el pasado y fijo la mirada en lo que tengo por delante» (Filipenses 3:13). Si usted se propone llegar al punto donde pueda imaginar un futuro más trascendente, debe soltar el pasado.

Muchos cristianos están limitados por el «pasado». El pasado contiene cosas de las que tal vez no esté demasiado orgulloso (vergüenza, dolor y remordimiento), pero también puede tener asuntos que lo enredan en el orgullo, impidiéndole lograr el éxito espiritual en áreas nuevas. El pasado se aferra a esos errores y pecados que usted cometió y a esos días que desearía haber hecho las cosas de otra manera. Al mismo tiempo, esconde lo que hizo bien para que no intente hacerlo de nuevo.

Sí, suele haber cosas buenas en el pasado, pero también malas. Y aun algunas feas. Lo feo está compuesto por las cosas que otros le hicieron y sobre lo que usted no tenía ningún control, pero que, de alguna manera, lo traumatizaron. Esto puede incluir a las personas que lo maltrataron, abandonaron, engañaron o que se aprovecharon de usted y le dejaron detonadores emocionales que debe enfrentar todos los días. Sin embargo, Pablo nos recuerda que un principio fundamental de vivir para el futuro incluye soltar el pasado. Si usted va a lograr el propósito para el cual Dios lo creó y lo salvó, debe dejar el pasado precisamente donde está: atrás.

Cuando viajaba para visitar a mi padre, en Baltimore, durante aquellos últimos años en los que él ya era de una edad avanzada y vivía solo, a menudo me encontraba con las viejas amistades del barrio donde crecí. Mi papá siguió viviendo en la misma casa donde crecí hasta su último año de vida, cuando debió mudarse a un geriátrico. Cuando me encontraba con viejos amigos y conversaba con ellos, inevitablemente hablábamos de la época en la cual solía jugar fútbol americano.

Apenas transcurrían unos minutos y los días de gloria del fútbol americano de la juventud renacían una vez más. Pero nunca olvidaré cuando, hace años, estábamos todos reunidos rememorando los partidos de fútbol americano, y caí en la cuenta de que uno de los hombres que estaba con nosotros era el mismo tipo que me había derribado en un bloqueo que terminó fracturándome la tibia y el peroné. Los cirujanos tuvieron que hacer una hendidura en mi pierna y colocar una placa de acero en los huesos. Así de grave fue el golpe. Y, como podrá imaginar, mis días de jugador de fútbol americano se terminaron en ese instante. Este no es un recuerdo agradable, ni siquiera ahora.

Cuando vi a este hombre muchas décadas después de aquella jugada, estaba seguro de que él no mencionaría ese golpe, sabiendo lo devastador que había sido para mí. Pero me equivoqué; lo hizo. Años después, aún quería hablar de cómo me había dejado tirado. Estaba atrapado en aquel momento del pasado. Por supuesto, no me entretuve demasiado tiempo con aquella conversación. Sí, tengo una placa de acero en la pierna por lo que me sucedió, pero no puedo dejar que esa placa me impida caminar audazmente hacia mi futuro. Enfocarme en el pasado (hablar del pasado y revivir el pasado) no me ayudará a rediseñar un futuro mejor.

Muchos creyentes sienten que no pueden superar el pasado. Los entiendo. Es comprensible. Su pasado es tan grave y doloroso que los tiene de rehenes. Y, tal vez, usted sea uno de ellos. Quizás, las cosas que le sucedieron lo han afectado a tal punto que todavía dominan su manera de afrontar el hoy. Pero Pablo nos recuerda a través de sus escritos que, para vivir con una visión clara del reino, usted debe soltar el pasado. Debe perseverar en lo que tiene por delante. Lo bueno, lo malo y lo feo del pasado siguen siendo, ni más ni menos, que el pasado. No puede cambiarlo. No puede deshacerlo. Es parte de su historia. Pero lo que *sí* puede hacer es impedir que su historia defina su realidad presente e influya negativamente su futuro. Puede hacerlo si cultiva y prioriza la búsqueda del reino.

¿Conoce el relato bíblico de los israelitas que deambularon por el desierto y no lograron entrar en la Tierra Prometida? Se encuentra en el libro de Éxodo. La razón por la cual los israelitas jamás llegaron a la Tierra Prometida, en el plazo de tiempo que deberían haberlo hecho, fue porque siguieron mirando hacia atrás. Se quedaron atrapados en el desierto porque se aferraron demasiado al lugar donde alguna vez habían sido esclavos: Egipto. Razonaron que, aun cuando eran esclavos, tenían comida y agua. Allí no corrían el riesgo de cruzarse con enemigos ni de que les faltaran las provisiones, como sí les ocurría ahora en su empeño por llegar a la Tierra Prometida. Sin embargo, por mirar demasiado hacia atrás perdieron de vista a dónde quería llevarlos Dios, así que terminaron sin ir a ninguna parte en absoluto.

A su enemigo, el diablo, le encantaría hacer con usted lo mismo que hizo con los israelitas en el desierto. Le gustaría que siguiera contemplando el sitio donde estuvo, en lugar de mirar hacia dónde va. Satanás quiere que se permanezca mirando su pasado. Porque si él puede impedir que Cristo sea real para usted en lo profundo de su ser y que lo transforme con su presencia y su propósito, Satanás puede retenerlo en el desierto, dando vueltas en el círculo infinito de la vida.

Ningún corredor ha ganado una carrera mirando hacia atrás. ¿Por qué? Porque cuando mira atrás, baja la velocidad. En cambio, lo que Dios quiere que haga es que aprenda del pasado, pero sin vivir en él. Procure su madurez espiritual siguiendo adelante, como escribió Pablo en Filipenses 3:14: «hasta llegar al final de la carrera para recibir el premio celestial al cual Dios nos llama por medio de Cristo Jesús».

Mire su pasado como algo en el espejo retrovisor a lo que le echa un vistazo de vez en cuando. Viva la vida como cuando maneja. Usted no conduce el auto mirando fijo al espejo retrovisor. Conduce mirando a través del parabrisas. Enfocándose en el destino hacia dónde va, no donde estaba. Cuando viva buscando a Jesucristo, y su voluntad, descubrirá el propósito para el cual fue diseñado. Usted tiene un propósito. Si todavía está aquí, tiene un propósito. Dios todavía no terminó con usted. Pero cuanto más tiempo esté encadenado a su pasado, más tiempo pierde en buscar el plan de Dios para su vida.

Estar atado al pasado hace que el tiempo pase lentamente. De hecho, ahora mismo es posible que sienta el paso del tiempo como el sonido lento y apagado del reloj del abuelo. Puede sentir que el tiempo avanza demasiado lento para llegar a la vida que sueña. Pero cuando aprenda a ver el tiempo a través del cristal de la vista eterna de Dios, descubrirá que su manera de usar el tiempo en esta vida es fundamental. Tenemos que sacarle el «máximo» provecho a nuestros días y al tiempo que Dios nos ha dado «porque los días son malos» (Efesios 5:16, NVI). Debemos invertir nuestro tiempo mientras lo tengamos. Un día entenderemos que cuando vemos nuestro tiempo aquí, en la tierra, comparándolo con el contexto de la eternidad no es más que un parpadeo en el marco temporal. Si tan solo pudiéramos ver lo breve que es el tiempo aquí, comparado con cuánto dura la eternidad, cambiaríamos la manera de priorizar nuestras decisiones.

Dios sabe que somos seres finitos con mentes finitas y que fácilmente quedamos atascados en la matriz de pensamiento centrada en lo temporal. Esa es la razón por la cual ha procurado darnos una mentalidad eterna en las Escrituras. Quiere que usted y yo tengamos la visión adecuada de la eternidad para que aprovechemos al máximo el tiempo que transcurrimos en la historia. No quiere que nos consideremos ciudadanos permanentes del mundo, sino visitantes. Somos huéspedes en esta tierra.

Luego de estos últimos años, entiendo esta verdad más de lo que desearía. Como muchos saben, en el período de dos años perdí a seis miembros de mi familia. Comenzó cuando perdí a mi hermano y siguió en cascada con la pérdida de mi sobrina, mi hermana, mi cuñado, mi padre y, por último, mi amada esposa. Las tragedias se acumularon e hicieron que el concepto de nuestra temporalidad en la tierra, comparado con el destino eterno, fuera mucho más claro en mi mente. La muerte hace eso. Aclara qué es lo más importante para uno.

Los años que abarcaron la aparición y la continuación de la pandemia de COVID-19 nos dieron una claridad similar a muchos, en los Estados Unidos y en todo el mundo. La vida se vio alterada, las normas se dejaron de lado y, como era de esperar, esto ayudó a que muchos identificáramos qué es lo que más nos importa en la vida. La crisis fue un medio para aclarar los valores, las prioridades y los objetivos. Gran cantidad de personas hicieron cambios en su vida a causa de la pandemia. Algunos cambios tuvieron que ver con las carreras profesionales, las ubicaciones geográficas, el mucho o el poco tiempo que dedicaban al trabajo, la elección entre el trabajo remoto versus el trabajo presencial, etcétera. Y algunos cambios tuvieron que ver con cuánto hincapié hacían las personas en sus relaciones. Muchos, además, buscaron acercarse a Dios durante este tiempo de crisis.

Si bien el sufrimiento es doloroso, cuando se formula en el corazón amoroso de Dios puede generar crecimiento. Lo he visto de primera mano en mi propia vida y en la de las personas que conozco bien, también en la de las personas a quienes he aconsejado. Todo depende de la perspectiva. ¿Buscará cumplir los objetivos del reino de Dios, a pesar de las penas y las pruebas (que pueden incentivar el crecimiento) o se enfurruñará por las aflicciones que le han sobrevenido? Usted debe tomar la decisión. Pero recuerde que también deberá vivir las consecuencias de esa decisión. Tengo la esperanza de que este libro lo ayude a descubrir la claridad del reino de una manera que agudice sus búsquedas espirituales.

2

CLARO COMO EL AGUA

Hay una historia sobre un hombre que necesitaba que le arreglaran un zapato. Se apuró a ir al taller de reparación de calzado, pero llegó exactamente a las cinco en punto de la tarde. Cuando miró el estacionamiento, notó que estaba vacío, lo cual indicaba que ya no había nadie en el lugar. Sabiendo que no tendría otra oportunidad de ir al taller durante algún tiempo, se dirigió hasta la puerta para ver si de casualidad todavía estaba abierto. Para su sorpresa, el zapatero estaba allí.

—No pensé que habría alguien —dijo el hombre, aliviado.

—Llegó justo a tiempo —respondió el zapatero—. Estaba casi listo para irme a casa.

Recordando el estacionamiento vacío, el hombre preguntó:

—¿Cómo irá a su casa? No vi ningún auto.

—Oh, eso es fácil —dijo el reparador—. ¿Ve esa escalera que está ahí? —Señaló el rincón de su tienda. El hombre vio la escalera y asintió—. Yo vivo ahí arriba —dijo el reparador—. Aquí abajo solo hago mi trabajo.

Como hermanos y hermanas en Cristo, usted y yo también vivimos «ahí arriba». «Nosotros somos ciudadanos del cielo» (Filipenses 3:20). El cielo es nuestro hogar. El reino de Dios es el reino al que pertenecemos.

Aquí abajo, en la tierra, solo trabajamos. Entender esta verdad espiritual clave es la base para todo lo que hacemos aquí, y esencial como fundamento de por qué tenemos que vivir nuestra vida con la perspectiva clara del reino y la búsqueda de lo eterno.

Los reinos de este mundo quieren hacernos olvidar dónde está nuestro hogar y llevarnos a creer que donde trabajamos es también el lugar donde vivimos. Pero nosotros, como miembros del cuerpo de Cristo, recibimos indicaciones y guía de otro reino; de otro Rey que comanda otro reino. Usted es ciudadano del reino. Una vez que entienda y ponga en práctica esta verdad, le resultará más natural vivir con el enfoque del reino.

Mi definición del *ciudadano del reino* es «el seguidor evidente y manifiesto de Jesucristo, quien de manera constante aplica los principios del cielo a los asuntos de la cultura». Es difícil ser un ciudadano del reino sin entenderlo correctamente. Lamentablemente, son pocos los cristianos que comprenden el reino de manera completa. Como consecuencia, pocos viven con lo que yo llamo la claridad del reino. La *claridad del reino* puede definirse como «la alineación de sus pensamientos, palabras y actos sobre la base de la orientación y la influencia predominante de la perspectiva del reino de Dios».

Si usted es estadounidense, lo más probable es que lo sea porque nació en los Estados Unidos. Si es un ciudadano del reino es porque volvió a nacer en su reino (Colosenses 1:13). La razón por la cual debería querer comprender completamente el reino no es solo porque lo afecta a usted, sino también porque es la clave para entender la Palabra de Dios. El tema central y unificador a lo largo de las Escrituras es la gloria de Dios y el avance de su reino. El hilo conductor desde Génesis hasta Apocalipsis (desde el comienzo al fin) se enfoca en una cosa: la gloria de Dios mediante el avance del reino de Dios.

Cuando usted no está consciente de este tema, percibe la Biblia como un libro que tiene una colección de historias sin conexión, las cuales son estupendas para inspirar, pero parecen no estar vinculadas por un propósito y un sentido. Sin embargo, las Escrituras existen para compartir el movimiento de Dios en la historia con respecto al establecimiento y la expansión de su reino. Entender el propósito de la Biblia incrementa la relevancia de este manuscrito de varios miles de años de antigüedad para nuestra vida cotidiana.

En toda la Biblia, el reino de Dios se ve a través de su mando, de su plan y de su programa. El reino de Dios es integral. Incluye todo lo que hay en el universo. De hecho, podemos definir el *reino* como «el gobierno integral de Dios sobre toda la creación». Es el gobierno de Dios, y no el gobierno del hombre, el que es supremo.

Ahora, si el reino de Dios es integral, también lo es su agenda. La *agenda del reino*, entonces, puede ser definida como «la manifestación visible del gobierno integral de Dios sobre cada área de la vida».

Muchos de nosotros como individuos, y colectivamente como iglesia, no estamos teniendo un mayor impacto en nuestra cultura porque hemos perdido de vista la agenda del reino de Dios. Queremos que Dios apruebe nuestros planes, más que cumplir sus planes. Queremos que Dios nos dé la gloria a nosotros, en lugar de que nosotros le demos la gloria a él.

Queremos «que venga mi reino», no que «venga su reino».

En muchos sentidos, queremos que Dios, o al menos su reinado, quede al margen.

Ahora bien, antes de que vaya y señale con un dedo altivo, pensando que esa afirmación se refiere a otros (a los que eliminaron la oración de las escuelas, a quienes aprobaron los baños y los vestuarios para personas transgénero, a esas personas que _____ (llene el espacio en blanco con lo que usted quiera), recuerde que Dios (sus principios, su potestad, las prioridades de su reino y su agenda) ha sido eliminado de manera similar de nuestras iglesias, también. En la actualidad, tenemos más iglesias que nunca. Contamos con iglesias más grandes, pero tenemos menos de la presencia, del poder y de la autoridad de Dios.

Nosotros, su cuerpo, nos volvimos demasiado mundanos para que seguirlo a él sea una prioridad de la vida y para convertirlo en el centro de nuestra existencia. Nos hicimos demasiado egocéntricos para hacer sacrificios que impliquen mucho más que suministrar una comida a un indigente de la calle mientras bebemos un café de cinco dólares en nuestro auto y publicamos en las redes la «buena acción» que acabamos de hacer.

Nos fascinan mucho más las *selfies* que el servicio.

Nos quejamos de que la oración y las Escrituras han sido eliminadas de los lugares públicos, pero ¿cuántos de nuestros predicadores hoy en día predican la Palabra de Dios? Muchos, si no la mayoría, ofrecen una charla motivacional de diecisiete minutos en la cual, más bien, citan a autores populares. La neblina en el púlpito siempre es niebla en el banco. En otras palabras, la falta de claridad en el clero conduce al caos en la cultura.

Como consecuencia, no solo nos hemos convertido en una sociedad sin propósito y desvalorizada, sino también en una iglesia que carece de impacto. Las grietas no solo existen en nuestra cultura, sino también en nuestras congregaciones. Nos hemos olvidado de que la iglesia no existe para la iglesia. En el momento en que la iglesia existe para sí misma, deja de ser iglesia.

Dios creó a la iglesia por el bien del reino.

Para los propósitos de *él*.

Creó la iglesia para darnos las llaves a otro reino. No nos puso aquí para que seamos populares. Como los árbitros en un partido de fútbol americano, nosotros no tomamos decisiones que agradan a todo el mundo. A veces, la gente nos abucheará, pero está bien. No trabajamos para ellos. Nosotros servimos a un Rey de otro reino, quien gobierna con autoridad suprema. Y como ciudadanos de su reino, tenemos pleno acceso a esta autoridad.

Mateo 16:19 nos dice (en relación con la iglesia): «Y te daré las llaves del reino del cielo. Todo lo que prohíbas en la tierra será prohibido en el cielo, y todo lo que permitas en la tierra será permitido en el cielo».

¿Qué se hace con las llaves? Las llaves sirven para tener acceso (Isaías 22:22). ¿Le pasó alguna vez que estaba apurado y no encontraba sus llaves? Si le sucedió, sabe cómo es no poder ir a ninguna parte en lo inmediato. O, quizás, usted sea como yo y tiene muchas llaves en su llavero, pero ha olvidado cuáles cerraduras abren algunas de ellas. Esas llaves ya no sirven para nada.

Según palabras de Jesús, la iglesia que tiene la mentalidad del reino y prepara a los discípulos del reino que terminan siendo ciudadanos consagrados al reino, tendrá las llaves del reino de Dios, lo cual le dará la autoridad para permitir y prohibir en la tierra y en el cielo.

Pero ¿por qué no experimentamos este poder y esta autoridad en la actualidad? Porque no edificamos sobre cimientos centrados en el reino. En lugar de eso, edificamos sobre las arenas del «reino de nuestra iglesia». Por eso, intentamos usar las llaves de nuestra propia iglesia para abrir las puertas del reino y nos damos cuenta de que no sirven mucho.

Cuando nosotros, en lo individual y en nuestras iglesias, no estamos enfocados en el reino (cuando no comprendemos y, mucho menos, adoptamos la teología, la ideología y la metodología del reino) no somos capaces de abrir las puertas del cielo y ver como el cielo manifiesta la voluntad de Dios aquí y ahora.

Sí, tenemos reuniones de oración, prédica, coro de alabanzas y seminarios, pero no tenemos autoridad. La autoridad está directamente ligada al reino. Las llaves del reino no encajan con los edificios; le pertenecen al Rey.

Si pudiéramos ver el reino como lo ve Dios, y si pudiéramos vernos unos a otros como nos ve Dios, diseñados para unirnos en un objetivo unificado bajo la agenda integral de su reino, el mundo tendría que enfrentar la fuerza de la iglesia de Jesucristo. Sin embargo, parece que ahora el mundo apenas tiene que lidiar con este fragmento por aquí y aquel fragmento por allá porque nosotros nos dividimos por posiciones, preferencias, políticos y programas.

La estrategia más vieja del manual del enemigo es «divide y reinarás». Si él puede generar divisiones dentro del cuerpo de Cristo, no tendrá que preocuparse por ningún avance que podamos lograr juntos. En lugar de combatir a nuestro verdadero enemigo, Satanás, nos enfocamos en temas y políticas que nos dividen fervorosamente.

Colosenses 1:13 expresa claramente que ya no estamos bajo el dominio ni la autoridad de Satanás. Hemos sido trasladados del reino de la oscuridad al reino de la luz. Si usted cree en Jesucristo, su lealtad ha cambiado. Ya no obedece a las formas del mundo. Pero el simple hecho de que Satanás ya no tenga autoridad no significa que no tenga poder. El poder de Satanás se manifiesta a través de tácticas engañosas que apuntan a debilitarnos, confundirnos y dividirnos. Y si echa un vistazo rápido a nuestra cultura y a nuestro mundo, sabrá que las tácticas de Satanás funcionan muy bien.

Como creyentes en Cristo, debemos sujetarnos a Jesucristo y a su reino. Eso quiere decir que pertenecemos a otra esfera, nuestra lealtad está en otro orden y más allá de dónde residamos, trabajemos, viajemos o juguemos, somos ciudadanos del reino de Dios que debemos vivir con la claridad del reino en los afanes de nuestra vida. La claridad incluye darnos cuenta de las maquinaciones de Satanás.

Nuestra ciudadanía está en el cielo. Aquí estamos simplemente en una misión temporal. Si hacemos de la misión temporal la posición permanente de nuestro enfoque y nuestro empeño, nos rebelamos contra Dios.

Ciudadanos del cielo

En el último capítulo, hemos visto cómo Pablo explicó nuestra prosecución cuando estudiamos Filipenses 3:12-14. En este capítulo, vamos a analizar un poco más esta carta a los Filipenses, ya que Pablo avanza en sus escritos para recapitular y contrastar la actitud que debemos tener cuando vivimos con la mentalidad del reino. Es esta actitud la que nos sirve de marco para ver nuestra vida:

> Que todos los que son espiritualmente maduros estén de acuerdo en estas cosas. Si ustedes difieren en algún punto, estoy seguro de que Dios se lo hará entender; pero debemos aferrarnos al avance que ya hemos logrado.
>
> Amados hermanos, tomen mi vida como modelo y aprendan de los que siguen nuestro ejemplo. Pues ya les dije varias veces y ahora se los repito de nuevo con lágrimas en los ojos: hay muchos cuya conducta demuestra que son verdaderos enemigos de la cruz de Cristo. Van camino a la destrucción. Su dios es su propio apetito, se jactan de cosas vergonzosas y solo piensan en esta vida terrenal. En cambio, nosotros somos ciudadanos del cielo, donde vive el Señor Jesucristo y esperamos con mucho anhelo que él regrese como nuestro Salvador. Él tomará nuestro débil cuerpo mortal y lo transformará en un cuerpo glorioso, igual al de él. Lo hará valiéndose del mismo poder con el que pondrá todas las cosas bajo su dominio.
>
> FILIPENSES 3:15-21

Nuestra ciudadanía está en el cielo. Pablo enuncia claramente esta verdad. Y debido a que usted y yo somos ciudadanos del cielo, lo eterno debe tener prioridad sobre lo temporal. El reino debe ser prioritario sobre la cultura.

La eternidad supera a la historia en infinidad de niveles, de los cuales el primero es la duración del tiempo que pasaremos en la eternidad, comparado con nuestro tiempo en la tierra. En la eternidad, también tendremos la oportunidad de experimentar de primera mano la presencia de Dios con cuerpos transformados que puedan contemplar su gloria. Además, usted y yo nos beneficiaremos y disfrutaremos de las recompensas eternas que hemos almacenado en el cielo, una vez que lleguemos allá (Mateo 6:20). Ya no tendremos que sentir los efectos del pecado ni seremos tentados a participar en actos pecaminosos. En la eternidad, tenemos por delante un gozo tan grande que sería tonto gastar más esfuerzos en nuestra búsqueda del presente que en nuestro destino en el reino eterno. Seríamos imprudentes si nos dedicáramos a llenar nuestra cuenta bancaria en la tierra y descuidáramos nuestra cuenta de recompensas celestiales.

Yo comprendo que vivir en este mundo, con la matriz mental del orden mundial, hace que sea muy difícil concentrarse en la eternidad y tomar decisiones que reflejen el alto valor del reino de Dios. Por eso, es fundamental rodearse de personas que piensen de la misma manera, personas que lo alienten a procurar la agenda del reino de Dios y a vivir de acuerdo con su perspectiva eterna.

De hecho, en el pasaje que vimos recién Pablo llega a decirnos que sigamos su ejemplo en cuanto a cómo elegir a nuestros compañeros en este mundo. Así como los padres se preocupan por las compañías con las que andan sus hijos, Pablo nos insta, también, a elegir con inteligencia nuestras propias relaciones. Pablo habla de los cristianos terrenales, a quienes él llama «enemigos» de la cruz. Estos creyentes tienen la mente puesta en las cosas terrenales: los deseos, las metas, las necesidades, los anhelos mundanos, etcétera. Pero hacerlo estancará y, a veces, obstaculizará la plena manifestación de su propósito divino y de su destino en este mundo. Siempre que alguien pone las cuestiones terrenales por encima de los asuntos eternos, la persona sale perdiendo en ambos. Esto se debe a que no accede plenamente a la bendición y al favor de Dios en lo temporal, y descuida el acumular tesoros y recompensas para lo eterno.

Solo cuando consideramos que la eternidad es más importante que la historia permitimos que los valores de la eternidad dominen nuestras prosecuciones, mejorando el aquí y el ahora, a la vez que nos permiten invertir en el más allá.

Nunca lo olvide: usted no fue redimido solo para el aquí y el ahora.

Fue redimido mientras está aquí, pero para un mañana resplandeciente y eterno.

Esta es una mentalidad muy distinta para encarar la vida.

Usted fue redimido para *allá* arriba mientras aún vive *aquí* abajo como ciudadano del reino de los cielos. Por consiguiente, Dios espera que usted aporte el punto de vista celestial a las decisiones y búsquedas terrenales porque aquel es el emplazamiento desde el cual tiene que obrar.

Cada vez que viajo por el ministerio, ya sea para hablar en una iglesia o en un evento, lo típico es que termine quedándome en un hotel. Cuando me registro en la habitación, nunca vacío la maleta ni pongo los artículos personales que llevé en los cajones ni en el clóset. Sé que el hotel provee los cajones para que yo los use, pero también sé que estoy ahí por un día o dos. Saber que mi tiempo en el hotel es temporal cambia mi actitud sobre cómo lo veo. Tomo mis decisiones basándome en el hecho de que estoy simplemente de paso. No me acomodo en el hotel ni me pongo a colgar obras de arte en las paredes, como si planeara quedarme allí durante años. No, el hotel es una instalación temporal que usaré mientras esté llevando a cabo el propósito que tengo en cualquier ciudad que visite. No es mi hogar.

Muchos creyentes han confundido este planeta con su morada permanente. Miran los cajones y los guardarropas que el mundo les presenta para que usen y sienten la tentación de pensar que están aquí para siempre. Pero Dios nos puso aquí a cada uno solo para una misión. Nuestra ciudadanía y, esencialmente, donde pasaremos la mayor parte de nuestra existencia, está en la eternidad. Apenas estamos de paso por este tiempo y este espacio, hasta que lleguemos a lo eterno. No se confunda. No actúe como si fuera a quedarse aquí. No es así. Sus seres queridos tampoco lo harán. Créame, lo sé demasiado bien.

Sí, usted y yo debemos disfrutar nuestro tiempo en este mundo. Tenemos que cultivar relaciones aquí y gozar del favor de Dios mientras procuramos su voluntad. Pablo no dice que debamos desatender nuestra vida terrenal. Pero sí dice que, mientras disfrutamos nuestro tiempo en la tierra, debemos asegurarnos de que estamos invirtiendo en aquellas cosas que se trasladan a la eternidad, en lugar de hacerlo en las que, en el mejor de los casos, son temporales. Y únicamente aquello que se haga en el nombre de Dios y para su reino, o de acuerdo con sus valores y sus principios, durará por la eternidad.

Este cambio fundamental de enfoque de lo histórico a lo eterno debería percibirse en sus palabras y en sus actos. Hasta que vea las cosas desde la perspectiva de Dios, como un ciudadano de su reino en la tierra específicamente puesto aquí para cumplir una misión, confundirá sus prioridades y usará mal su tiempo. Cuando aprenda cómo alinear su enfoque con la perspectiva que tiene Dios de su reino, descubrirá la emoción que produce no solo volver a imaginar, sino también hacer realidad un futuro más prometedor.

3

CRISTO EN USTED

Una de las razones por las cuales vivir en los Estados Unidos es tan atractivo para las personas de todo el mundo es que, aun con sus defectos y sus carencias, aquí existe la oportunidad de progresar. La estructura de nuestro país nos brinda a cada uno la posibilidad de tomar una idea y aprovecharla al máximo, dentro de los límites adecuados, para desarrollarla. Esto es parte de ser una democracia con bases en el capitalismo, en la cual usted puede usar su propia inventiva para esmerarse por lograr lo mejor en los negocios. En los Estados Unidos, vivimos en un entorno continuamente competitivo en el cual, si otro elabora un concepto mejor que el suyo y lo posiciona estratégicamente mejor, usted se verá obligado a mejorar el suyo o se irá a pique. Esta clase de contexto impulsa a las empresas y a los individuos a superarse para seguir siendo competitivos.

Por este motivo, una de las normas que han adoptado muchas corporaciones es el concepto de tolerancia cero. La «tolerancia cero» indica que hay poco o ningún margen para el error. Hace años, estaba la preocupación de que los vehículos fabricados en Japón se venderían más que aquellos fabricados en los Estados Unidos debido a este concepto de tolerancia cero. Los japoneses hicieron hincapié en la tolerancia cero en errores de diseño, fabricación, producción y rendimiento, logrando un cambio en la preferencia de compras de los consumidores. Al ver este cambio y cómo las ventas y las ganancias se iban al extranjero, los fabricantes de vehículos estadounidenses mejoraron su nivel para volverse más competitivos en el mercado global.

Para resumir: Cuando una empresa adopta la filosofía de la tolerancia cero procura optimizar la productividad comercial reduciendo su nivel de errores. Ahora bien, si esto es válido para impulsar el propio potencial como estadounidense, ¿no será igualmente válido cuando se trata de aprovechar al máximo el potencial como cristiano? Si los clientes pecadores quieren tener un producto excelente, ¿acaso no es lógico que el Dios perfecto quiera un buen rendimiento por su inversión? Si a los hombres pecadores les molesta pagar por un producto o un servicio mediocre, ¿no deberíamos entender cómo un Dios perfecto estaría menos que satisfecho cuando nos conformamos con hacer menos que lo mejor como creyentes?

Como seres humanos, en nuestra vida nunca alcanzaremos el nivel nulo de errores espirituales o de problemáticas por el pecado. Pero si empeñarnos en algo que se acerque a este nivel se convierte en una meta, nos llevará más alto de lo que hubiéramos llegado de otra manera por nuestra cuenta (Mateo 5:48). Cuando la mediocridad es lo normal, las personas conseguirán lo que se propongan. *Tolerancia cero* significa precisamente eso: tolerancia cero. Tenemos que apuntar alto. Debemos empeñarnos en llegar a ser como Cristo. Al fin y al cabo, aceptamos esta norma en muchas áreas de nuestras expectativas externas, pero solemos cuestionarla cuando se trata de las normas de Dios y de su punto de vista sobre el tiempo, los talentos y los tesoros que él nos ha dado.

Suponga que alguien realiza una prueba de matemática y al planteo de cuánto es uno más uno responde que es igual a tres. ¿La maestra lo calificaría como correcto o incorrecto? Ahora, ¿qué pasaría si el alumno dijera: «Bueno, por lo menos estuve cerca»? No importaría porque la maestra de matemática tiene tolerancia cero para los errores en matemática.

O si un jugador de baloncesto hiciera un lanzamiento, pero el talón de su zapatilla estuviera sobre la línea. Por más que su lanzamiento hubiera ganado el partido, ¿qué diría el árbitro? Aunque fuera una pequeñísima partecita de su calzado la cual pisó la línea, el árbitro tendría tolerancia cero para ese lanzamiento.

Permítame llevar este tema a un ejemplo más cercano a quienes no les gusta la matemática o el baloncesto. Si usted decidiera tomar un vuelo para irse de vacaciones o por negocios, y el piloto dijera por el sistema de altavoz: «Bueno, amigos, parece que solo uno de los conductos de combustible tiene una pérdida, pero no son todos. Deberíamos estar listos para salir». Usted y el resto de los pasajeros a bordo se dirigirían directo a la puerta y saldrían antes de que el piloto tuviera la oportunidad de carretear hacia la pista. Imagino que usted tiene un nivel de tolerancia cero cuando se trata de los conductos de combustible operativos y de los aviones.

Nosotros manifestamos una actitud de tolerancia cero más seguido de lo que pensamos. Estoy seguro de que usted puede conseguir algunos ejemplos propios, así que no seguiré con la lista. Lo que quiero decir es que, si esto aplica para los negocios, el baloncesto, la fabricación y los vuelos, ¿por qué lo cuestionamos cuando se trata del Dios que nos creó?

¿Acaso Dios debe esperar menos de usted y de mí?

No. Dios espera que optimicemos nuestra vida en la tierra para la eternidad. Espera que vivamos a la altura de su reino. Espera que pensemos en nuestro futuro acumulando tesoros que no se corromperán ni podrán ser robados (Mateo 6:20).

Los asesores financieros aconsejan que no esperemos a tener sesenta y cinco años para comenzar el proceso de prepararnos para nuestra jubilación, sino que nos preparemos cuando somos más jóvenes. De hecho, los asesores financieros recomiendan que empecemos lo antes posible, ahorrando una cantidad determinada de cada sueldo para que cuando llegue el momento de jubilarse, podamos vivir tan decente y responsablemente como podamos.

En otras palabras, si quiere jubilarse bien, debe prepararse con anticipación. Cualquier asesor financiero que valga la pena lo convencerá de que viva la vida con una mentalidad orientada al futuro. Quieren que usted se anticipe y piense en lo que le espera cuando llegue ese momento. Dios también quiere que viva con un enfoque orientado hacia el futuro, con una perspectiva eterna.

Él no aspira a que seamos cristianos profesionales; en cambio, Dios quiere que seamos seguidores auténticos de Jesucristo, que vivamos con la búsqueda clara de los propósitos del reino. Yo sé que usted también lo desea, y esa es la razón por la cual vivir a la luz de la eternidad es tan importante. Lo que usted haga en la tierra será recompensado en el cielo y allí perdurará para siempre.

Como cristianos, donde pongamos nuestras intenciones afectará si logramos llevar a cabo nuestro propósito del reino. En definitiva, el propósito central que debemos lograr como creyentes se resume en una palabra: *piedad*. Tenemos que ser como Cristo. Analice 1 Timoteo 4:8: «El entrenamiento físico es bueno, pero entrenarse en la sumisión a Dios es mucho mejor, porque promete beneficios en esta vida y en la vida que viene». Nuestro propósito es procurar la piedad porque la piedad es beneficiosa, tanto para la vida que vivimos ahora como para la cual viviremos para siempre en el cielo.

No obstante, para hacerlo primero tenemos que entender qué es *piedad* y qué no lo es. En efecto, se puede tener una forma falsa de piedad. Pablo le advirtió a Timoteo sobre personas que «tendrán apariencia de piedad, pero negarán la eficacia de ella. A esos, evítalos» (2 Timoteo 3:5, RVR95).

Es esencial entender la diferencia entre la verdadera piedad y su mera «apariencia» si queremos ser eficaces en la prosecución de nuestra vida.

La palabra griega que se usa para *apariencia* significa «figura, silueta o contorno». No se refiere a la sustancia integral. Si usted mira la sombra de una persona, solo ve su silueta. En cuanto a la piedad, esto quiere decir que es posible mirar la apariencia de una persona piadosa sin que ninguna sustancia la respalde.

¿Cómo sabe si está viendo la sombra, en lugar de la realidad? Porque la Biblia dice que la falsa piedad no conlleva ningún poder espiritual. Es como ponerse el traje de Superman, pero no poder volar. Alguien que imita a Superman aparenta tener poder y la capacidad de volar. Tiene el traje para volar. Pero no cuenta con el poder para despegar de la manera que anuncia poder hacerlo. Por lo tanto, la apariencia es inútil. Es un disfraz. Será mejor que la persona que usa ese traje no salte desde ningún edificio.

A esta apariencia de piedad sin el poder real se la llama «religión». La religión da la impresión de algo relacionado con Dios, pero no es el reflejo de la esencia de una relación con Dios. Usted puede parecer religioso. Puede usar el vocabulario religioso. Puede portar una Biblia. Sin embargo, puede estar desprovisto del poder de Dios. De hecho, muchos sabemos cómo es ir durante años a la iglesia y no ser transformados; estar en las «inmediaciones» de Dios, pero no tener el poder para ajustarse a su imagen y a su carácter.

La asistencia a la iglesia, en y por sí misma, no alcanza para este propósito. Dios desea una relación con usted, no religión. Cuando viva una vida piadosa genuinamente relacionada con él, usted experimentará su poder. Pero él no premia los rituales religiosos vacíos de sustancia espiritual con el poder de su Espíritu.

A mucha gente le gusta ir a la tienda de donas porque allí todo es dulce. Todo sabe riquísimo. Pero, no importa con qué frecuencia vaya a la tienda de donas, probablemente, para su salud no sea lo mejor estar ahí. A decir verdad, cuantas más veces vaya, peor estará porque las donas no tienen ningún valor nutritivo.

Para muchos, la iglesia es la tienda de donas de Dios. Quieren escuchar una canción dulce, un sermón agradable, que todas las experiencias vengan espolvoreadas con azúcar (sin ninguna verdadera sustancia espiritual). Eso es aparentar piedad y, al mismo tiempo, negar el poder de Dios. La piedad no es una reunión ni un evento al que se asiste. Antes bien, la piedad es un estilo de vida que refleja consecuentemente el carácter de Dios y los valores del reino.

La persona piadosa no solo busca la presencia de Dios en todo momento; además, procura siempre ver a través de las gafas espirituales. ¿Por qué es importante la presencia de Dios? Porque su presencia nos empodera y afecta nuestra conducta.

Permítame compartir un ejemplo de vivir y actuar estando consciente de la presencia de alguien. Si yo voy conduciendo por una autopista y un oficial de policía conduce paralelo a mí, estoy obligado a manejar siendo consciente de su presencia. Su presencia afecta mi manera de manejar. Mi pie suelta el acelerador y se traslada al freno. Si voy más rápido que el oficial, pero me mantengo dentro del límite de velocidad, no lo adelantaré porque estoy afectado por su presencia. Desde el momento que sé que él está ahí, cambian mis hábitos como conductor.

Sin embargo, si él se aleja y ya no me veo afectado por su presencia, puedo regresar a mis costumbres anteriores. Puedo volver a mi antigua manera de conducir porque sé que su presencia ya no me acompaña. Desde el instante que veo que él me dejó, puedo sacármelo de la cabeza, y mi conducción cambia.

Muchísimas personas no experimentan más de Dios porque no viven a la luz de su presencia. Solo buscan visitar su presencia de vez en cuando. Visitar la presencia de Dios no genera piedad: ocasiona una forma de piedad diferente, conocida como religión.

La religión exterior, sin la verdadera piedad, es como recibir una hamburguesa que parece bien hecha por fuera, pero que está cruda por dentro. La hamburguesa parece lista, pero por dentro no tiene nada cocido. El objetivo de Dios para usted como su seguidor es que procure la piedad, viviendo la transformación interior que luego produce resultados exteriores que se asemejen a Cristo.

Pablo instruye a Timoteo, el pastor de la iglesia de Éfeso, que le enseñe a su gente cómo deben comportarse como parte de la casa, de la familia, de Dios (1 Timoteo 1:3-7). Pablo también dijo que deseaba que Timoteo le explicara «el misterio de la piedad» (1 Timoteo 3:16, RVR95). Este misterio es la verdad revelada que pertenece a cada cristiano. Pablo lo llamó un misterio «grande», lo cual nos hace saber que no se trata de un asunto menor e intrascendente.

En la Biblia, un «misterio» suele referirse a algo oculto del Antiguo Testamento que es revelado en el Nuevo Testamento. Pablo dice que hay algo misterioso en la piedad, que no estaba claro en el Antiguo Testamento y que ahora ha sido revelado en el Nuevo Testamento (Efesios 3:5). Esto sucede con muchas verdades que son reveladas únicamente en el Nuevo Testamento porque en el Antiguo Testamento no teníamos el panorama completo. El Antiguo Testamento es vital y fundamental para nuestra fe, pero estaba incompleto en términos del plan redentor perfecto de Dios. Los teólogos lo llaman «revelación progresiva».

La Biblia no fue escrita como un solo libro, de una vez y por un único autor para abarcar todas las cosas. Fue escrita por unos cuarenta autores, a lo largo de unos mil quinientos años, para contar el relato completo desde el principio del tiempo que conocemos. La definición bíblica de *misterio* es muy diferente del significado de esa palabra en nuestro lenguaje cotidiano. Hoy en día, pensamos en un misterio como un rompecabezas para armar, un enigma a resolver o un secreto para ser analizado en detalle. Pero un misterio bíblico no es ninguna de estas cosas; en cambio, es una verdad que anteriormente estuvo escondida y que no fue revelada por completo, pero ahora Dios la ha revelado y explicado. Jesús llamaba misterios a las verdades de su reino porque el pleno conocimiento del reino no había sido difundido a su pueblo antes de que él viniera y lo compartiera.

Cuando se trata del misterio de cómo las personas pueden ser reconciliadas con Dios y vivir una vida piadosa, el Antiguo Testamento contiene solo la primera parte de esa historia. Este misterio de la piedad sirvió como una revelación parcial en el Antiguo Testamento, para salir recién a plena luz en el Nuevo, cuando Jesucristo vino al mundo como Dios en persona.

Para comprender este misterio, tiene que reconocer que ocurrió un cambio cuando Dios se trasladó del Antiguo Testamento al Nuevo Testamento. Si usted no entiende este gran cambio, no entenderá el misterio.

El cambio

Cuando Dios presentó su nuevo pacto de la gracia en Jesucristo, hizo que el antiguo pacto, la ley de Moisés, quedara obsoleto (Hebreos 8:13). La Biblia dice que por las obras de la ley nadie está justificado ante Dios (Romanos 3:20). La ley del Antiguo Testamento es el pacto obsoleto. Solo puede decirle cuál es el problema. No puede arreglarlo. De hecho, en los tiempos del Antiguo Testamento había 613 leyes, y quebrantar una de ellas era quebrantarlas todas. Esto significa que si usted aún procura vivir según la concepción de piedad del Antiguo Testamento (es decir, tratando de complacer a Dios por lo que usted hace y deja de hacer basándose en su listado y los sacrificios resultantes), vive bajo algo que ahora quedó obsoleto porque se ha estipulado algo mejor.

Hace muchos años, nuestros antepasados lavaban su ropa sobre tablas de lavar de madera. Cada vez que lo hacían, tenían que arremangarse y esforzarse fregando con firmeza porque intentaban lograr que algo sucio quedara limpio. Luego, llegaron las máquinas lavadoras.

Tienen el mismo propósito que la tabla de lavar, pero algo es diferente porque ahora hay un nuevo poder que trabaja para limpiar fácilmente lo que alguna vez estuvo sucio.

El antiguo pacto era ese arduo esfuerzo en términos de tratar de limpiar a los pecadores ante Dios. Eran las personas quienes trataban de limpiar su mugre mediante sus propios esfuerzos. El nuevo pacto de Jesucristo es como el lavarropas: hace lo mismo, pero con un poder nuevo que está al margen de nuestro propio esfuerzo. La naturaleza única de Jesucristo es el misterio de Dios. La piedad verdadera ya no se encuentra en un mandamiento escrito como la ley mosaica. La verdadera piedad está unida para siempre a la persona de Jesucristo.

Dado que la piedad está vinculada a Jesucristo, nuestra tarea es parecernos más a él. Esto es posible porque el mandato de Dios para nosotros es que seamos santos como él es santo (1 Pedro 1:15-16). Llegamos a ser santos a través de este misterio:

> De esta llegué a ser servidor según el plan que Dios me
> encomendó para ustedes: el dar cumplimiento a la palabra
> de Dios, anunciando el misterio que se ha mantenido oculto
> por siglos y generaciones, pero que ahora se ha manifestado a
> su pueblo santo. A estos Dios se propuso dar a conocer cuál es
> la gloriosa riqueza de este misterio entre las naciones, que es
> Cristo en ustedes, la esperanza de gloria.
>
> COLOSENSES 1:25-27, NVI

El misterio de la piedad es que Cristo mora en usted. Pablo lo expuso claramente: «La gloriosa riqueza de este misterio [...] que es Cristo en ustedes, la esperanza de gloria». La esperanza es algo que usted anhela a futuro. La gloria de la que habla Pablo es la gloria que sucederá en la eternidad; la gloria y las recompensas de las cuales hemos estado hablando hasta ahora. Pero el misterio radica en la realidad de que esta gloria futura ya fue colocada dentro de usted, en este tiempo presente, a través de la persona de Jesucristo.

Esto es lo que suele faltar en la aplicación práctica del evangelio en la vida de tantas personas. Sí, Jesucristo vino para salvarnos y proporcionarnos la salvación eterna, sacrificándose por nuestros pecados. Pero también vino a morar en nosotros para el beneficio de nuestra vida temporal en esta tierra.

Si solo cree que un día irá al cielo, no se presentará ante Cristo tan «completo» como podría ser. Jesús no vino únicamente para llevarlo al cielo; también vino para traer el cielo hacia usted: la esperanza de gloria está en usted. Cuando aceptó a Jesús como su Salvador, él estableció su residencia en usted por medio del Espíritu de Dios. Decidió entrar en usted para asegurarse de que la transformación que necesitaba, sucediera. En otras palabras, usted no atraviesa solo este proceso de crecimiento. Fue salvo para el cielo por la muerte sustitutiva de Jesús, pero está santificado en la tierra por su vida sustitutiva (Romanos 5:10; Efesios 2:20).

La oruga fea, babosa y lenta es, en realidad, una mariposa en ciernes. Pero la mariposa no surge por fuerzas ajenas ni por un esfuerzo externo. La naturaleza de la mariposa está incorporada en la propia oruga. Esa oruga fea, babosa y llena de patas va arrastrándose por ahí con una mariposa bella y exquisita en su interior. La mariposa simplemente está esperando desarrollarse para tener lo necesario para volar. Si la naturaleza de la mariposa nunca se desarrolla, no es porque la naturaleza no esté ahí, es porque el desarrollo de esa naturaleza no ocurrió.

Cuando la naturaleza de la mariposa puede expresar su realidad permanente dentro de la desagradable oruga, esa oruga se transforma en una creación completamente nueva.

De la misma manera, cada creyente en Jesucristo posee una especie de mariposa en su interior porque Jesucristo mora ahí. Si es creyente, la gloria futura está en usted ahora mismo. Pero, a menos que Jesús tenga la libertad para desarrollar su naturaleza y su carácter en usted, haciendo que se vuelva completo en él, seguirá siendo una oruga que se arrastra, pese a haber sido creada para volar. El *misterio* del cual hablaba Pablo es que Cristo ya reside en usted, ahora. La esperanza de la gloria por venir existe en usted en este momento. No debe salir a buscarla. No tiene que estudiar para alcanzarla. No tiene que convertirse en algo que no es para obtenerla. Si usted es salvo, Jesús reside en usted ahora mismo. Él es la fuente de su transformación. Es el poder que le permitirá llegar a estar completo en él para que, aquel día, cuando se presente ante él, diga: «Bien hecho, hijo mío. Te felicito».

En otras palabras, su cambio proviene de adentro hacia afuera, no de afuera hacia adentro. Cristo en usted es su esperanza de gloria.

¿Alguna vez notó la cantidad de libros de autoayuda, pódcast de desarrollo personal, programas de televisión o artículos en línea que tratan de que usted adopte las cinco cosas que cambiarán su vida o los diez pasos que lo volverán más productivo o los doce puntos que lo librarán de la adicción o de la ansiedad? Todos estos presuntos «expertos» tienen distintos pasos que usted puede dar para convertirse en una mejor versión de sí mismo. ¿Pero sabe qué es eso en realidad? Es lo que yo llamo «manejo del alma». Es modificar el comportamiento. Es usted tratando de gestionar y manipular una vida mejor para sí mismo, cumpliendo una lista de tareas que deben hacerse y otras que no.

Y sí, esos métodos pueden funcionar durante un tiempo. Pero lo típico es que sirvan durante poco tiempo. Tal vez, usted sepa de qué hablo. ¿Alguna vez probó seguir una dieta que prometía resultados rápidos que resultó, pero, ni bien usted se desvió de ella, volvió a subir de peso? Esto es porque la dieta tenía que ver con el control, no con una transformación.

Cuando tenía sesenta y pocos años, pude adelgazar casi veinticinco kilos. Mi doctor recomendó que me lo propusiera como una meta por motivos de salud. Y, como amo lo que hago, amo a mi familia y tenía el deseo de quedarme aquí por ambas razones, le hice caso. Pero el doctor también me recomendó que bajara de peso lentamente, para que el adelgazamiento durara. Se propuso que yo hiciera una transformación en mi manera de pensar y en mis hábitos alimentarios (algo con lo que yo pudiera vivir a largo plazo) para que bajara semejante cantidad de peso.

No eliminé los dulces por completo, pero reduje la cantidad que comía en algún momento dado. Y, si bien no eliminé totalmente el pollo frito, limité la cantidad de porciones que comía durante una comida. Aunque no me convertí en un maratonista, sí incorporé el ejercicio constante a mi rutina semanal. Estos y otros cambios comenzaron a arraigarse tanto en mi corazón y en mi mente que ni siquiera tuve que razonarlos a medida que fue pasando el tiempo. A la larga, bajé de peso. Es más, mi peso se ha mantenido igual por casi una década. El secreto de la importante pérdida de peso (y del logro de mantenerlo) sucedió en la transformación interior que se originó y fundamentó en el amor por mi familia y en el deseo de quedarme con ellos por un largo tiempo, así como en mi amor por el servicio a Dios y por promover la agenda de su reino en este mundo.

Del mismo modo, el secreto de la madurez espiritual como creyente y como seguidor de Cristo *es* Cristo mismo. Es Cristo en usted, la esperanza de la gloria. Él es la fuente de la transformación y la motivación para el crecimiento. Él es tanto la razón como la provisión para su realización espiritual. En Filipenses 2:13 leemos: «Pues Dios trabaja en ustedes y les da el deseo y el poder para que hagan lo que a él le agrada». A medida que la presencia de Dios en usted se desarrolla en su relación con él, Dios lo transforma para que usted se parezca más a él en su carácter.

Estoy seguro de que ha comido palomitas de maíz. Las palomitas revientan porque cada grano de maíz está lleno de humedad. Cuando los pone en el microondas, este calienta la humedad que hay en los granos. Cuando la humedad se transforma en vapor, el vapor sube y hace presión contra la cáscara. Cuando la cáscara no puede contener más la presión, revienta. Las palomitas de maíz explotan porque lo que hay en su interior se ha calentado tanto que se expande hacia el exterior. De manera similar, lo que Dios espera de usted como hijo suyo es que lo que él puso en su interior (Cristo en usted) se caliente a tal punto que se expanda y presione su carne de tal manera que ya no pueda dominarlo a usted, sino que el Espíritu que mora en usted tome el control a medida que la expansión del Cristo vivo se hace cargo.

Jesús no solo quiere ser parte de su vida. Él quiere ser su vida *completa*. Cuando la amalgama de la vida de Cristo en usted y de su vida en él llegue a estar íntimamente conectada, el aspecto, el carácter y la conducta de Jesús no solo influirán los suyos, sino que, además, los transformarán. ¡Se parecerá tanto a Cristo que hasta podría sorprenderlo! Las cosas que solían molestarlo ya no tendrán ese efecto. Ya no verá desde la misma perspectiva las situaciones que lo preocupaban. Las que solían tentarlo perderán su brillo y su encanto. Porque cuando se conecte íntimamente con Cristo, quien está en usted, su corazón latirá al ritmo del corazón de él y bombeará la voluntad, los pensamientos y los deseos de Cristo dentro de usted.

Ahora bien, tiene que entender que el enemigo lo sabe y no quiere que usted viva de adentro hacia afuera. Él quiere que usted se dedique al manejo del alma y a modificar el comportamiento con su lista de «las trece cosas que hacer» en lugar de enfocarse en su relación perdurable con Jesucristo. Si él logra que su mirada se mantenga fija en los intentos exteriores de vivir una vida piadosa, ya ganó.

Es parecido al compactador de basura que tengo en mi cocina. Cuando el bote de basura se llena, aprieto un botón y se enciende el motor que empuja la basura hacia abajo, hasta la base. En realidad, lo único que hace es generar espacio para más basura. La máquina de basura no se deshizo de la basura: la basura sigue ahí. Es más, sigue oliendo a basura. Se ve como basura. Todavía tiene que ir a parar afuera, al basurero más grande, igual que antes de que el compactador la triturara.

El punto es manejar la existencia de la basura metiéndola más abajo de lo que estaba, ¡para que haya lugar para más basura!

Dios no quiere que usted haga lugar para más basura. Quiere que reemplace la basura de su naturaleza pecadora con la presencia y la pureza de su Espíritu. Al hacerlo, nos conformamos a la imagen de Cristo.

Esta realidad plantea, entonces, una pregunta válida: ¿Cómo activamos la morada de Cristo para transformación y no solo para el manejo del alma? Gracias a Dios, es una pregunta que Pablo responde para nosotros en Colosenses 1:28, lo cual hemos visto brevemente en un capítulo anterior. Pero, ahora, vamos a dilucidarla un poco más. Pablo escribe: «A este Cristo proclamamos, aconsejando y enseñando con toda sabiduría a todas las personas, para presentarlas completamente maduras en su unión con Cristo» (NVI).

Pablo nos da tres palabras para responder a nuestro crecimiento espiritual: *proclamar*, *enseñar* y *aconsejar*. En primer lugar, *proclamar* a Jesucristo tiene que ser la principal pasión de su empeño. Proclamarlo no es algo reservado solo para predicadores como yo o para los misioneros. Todos somos llamados a proclamar a Jesucristo como parte de nuestra vida diaria.

Una manera de proclamarlo con naturalidad comienza cuando nos damos cuenta de que todo gira alrededor de él. Jesús les enseñó esta verdad a los discípulos en el camino a Emaús, cuando habló sobre Moisés y los profetas. Todo lo que está en las Escrituras, en definitiva, conduce a él, como cada cosa buena en la vida. Jesucristo tiene que ser el eje de la rueda de cada rayo de su ser. Al reconocer esto, usted estará proclamándolo en sus conversaciones cotidianas. Predicar o proclamar significa, simplemente, declarar con autoridad una verdad que invoca una respuesta de parte del que escucha. No quiere decir que deba pararse detrás de un púlpito. Tampoco significa que tiene la obligación de asistir a un seminario. Quiere decir que usted tiene que estimular a otros hacia la verdad de la cual habla.

La verdad se ha vuelto un valor esquivo en nuestra cultura contemporánea. Somos llamados a representar la verdad de Cristo en todo lo que decimos y hacemos. Al hacerlo, proclamamos a Cristo a quienes nos rodean, ya sea a través de lo que decimos, lo que publicamos en las redes sociales o cómo nos tratamos unos a otros.

Ahora bien, el segundo ítem del consejo de Pablo es un poco diferente a proclamar. Es *enseñar*. La enseñanza tiene el foco puesto en profundizar la comprensión del oyente. La enseñanza está impulsada por el contenido, sea que se solicite una respuesta o no. Enseñar implica indagar en los idiomas originales, en el contexto de la cultura y del pasaje y explorar exhaustivamente la exégesis y la exposición. Enseñar incluye explicar a un mayor nivel la verdad que desea proclamar. Es posible que no todos seamos maestros dotados ni enseñemos en calidad oficial, pero cada uno de nosotros puede convertirse en un estudiante de la Palabra para aprender, aplicar y luego compartir lo aprendido con quienes tenemos alrededor.

La tercera manera de vivir piadosamente es mediante el *aconsejar*. Aconsejar es guiar a las personas a usar la información y la verdad que les brindamos. Implica acompañar a otro para ayudarlo a usar lo que escuchó que le predicaron o le enseñaron. Es la *aplicación* práctica de la verdad, la cual incluye ánimo, motivación y corrección.

Lo que Pablo comparte en su deseo de ver a las personas transformadas por medio de Cristo es el proceso que nosotros, de manera más oficial, llamamos discipulado. El crecimiento espiritual nunca debe realizarse en soledad. Solo cuando vivimos la vida juntos en el contexto de una cultura que fomenta predicar, enseñar y aconsejarnos unos a otros es que nos beneficiamos de la profundidad de la piedad que hay dentro de nosotros.

Cuando Jesús ascendió a los cielos, después de su resurrección, les dejó a los discípulos una gran comisión: el mandato de enseñarles a otros sobre él. Su gran comisión no ha cambiado. Nos incumbe a nosotros en la actualidad, tanto como a los discípulos en aquel entonces. Es la razón por la cual fuimos puestos aquí, en la tierra: para dar a conocer a Jesús y a sus enseñanzas.

Y a medida que damos a conocer más a Cristo a otros, accedemos a más de Cristo.

La vida de Cristo en usted continuará creciendo orgánicamente y expandiéndose en tanto que él se mueva con libertad cuando sus pensamientos, sus emociones y sus conversaciones sean intencionalmente dirigidas hacia él y sean sobre él. Cuanto más busque alimentarse usted y a los demás con la verdad de Cristo, más grande y prominente será la presencia de él en usted, sencillamente porque él es la fuente de esa verdad.

La vida con un enfoque del reino comienza cuando toma consciencia de esto. Es un conocimiento dirigido internamente al Cristo que mora en usted. Él es la esperanza de la gloria por venir, así como la esperanza de su gloria y de su crecimiento ahora, en la actualidad. Él vino para que usted tenga una vida en el cielo, sí, pero también durante su experiencia presente en la tierra (Juan 10:10).

En la medida que usted está más consciente de la presencia de Dios (y permanece en ella), su enfoque se acota al gobierno integral que ejerce sobre su vida y, de este modo, es formado y transformado a su semejanza. Esto sigue cumpliéndose a tal punto que el día que usted se presente ante Cristo, lo hará como un reflejo de él, plenamente completo en él, listo para recibir los galardones eternos que él guardó allí para usted.

En el fútbol americano, es el balón en sí mismo el que hace rodar todo el espectáculo multimillonario. Todo lo que pasa en el campo está estrechamente ligado al balón de fútbol. Los jugadores cobran millones de dólares por disputarse la posesión del balón. Las personas se apiñan de a cientos de miles en los estadios o miran a través de sus pantallas cómo los jugadores se pelean por el balón. Todo tiene que ver con el balón. Quite el balón del partido de fútbol americano, y no habrá ningún partido.

De la misma manera, quite a Jesús del misterio de la piedad y no habrá piedad. Jesús es el misterio. Él es la piedad interior.

El énfasis prominente en la experiencia de la salvación es para hacernos hombres y mujeres piadosos. *Piadosos* no significa perfectos, pero sí quiere decir constantes. Quiere decir que cada día, semana y año llegamos a ser mejores que los anteriores.

Pablo dice en 1 Timoteo 4 que si usted quiere ser piadoso debe disciplinarse a sí mismo. La palabra griega para «disciplina» tiene relación con el término *gimnasio*. Usted va al gimnasio para ejercitarse y ponerse en forma; no para crear músculos, sino para fortalecer los músculos que ya tiene. El gimnasio está diseñado como un lugar donde usted puede desarrollar los atributos físicos que ya posee.

La realidad es que muchas veces no tenemos ganas de ejercitarnos. Pero nuestra salud es más importante que nuestros sentimientos, por lo tanto, priorizamos la salud.

Si es espiritualmente flojo, su alma está fuera de estado. ¿Cómo sabe si está fuera de estado? Si la impiedad es su manera de ser, usted está fuera de estado.

Hay una gran diferencia entre tener la intención de ejercitarse y hacerlo en realidad. Nos despertamos pensando en ir al gimnasio, pero la idea de esos quince minutos más en la cama prevalece sobre nuestro deseo de ponernos en forma. Su régimen de entrenamiento para la piedad también debe superar sus buenas intenciones. Como sucede con la decisión de meterse en un programa de entrenamiento para deshacerse de la gordura, debe tomar la decisión de deshacerse de la gordura dañina que hay en su alma.

Lamentablemente, la mayoría de los cristianos se conforman con una «ejercitación» por semana, los domingos a la mañana. Pero si usted se entrena espiritualmente nada más que una vez por semana y, luego, el resto de la semana hace lo opuesto, desperdicia su sesión de entrenamiento semanal. Lo que la mayoría hacemos es ir a una sesión de entrenamiento espiritual los domingos y, después, a la tienda de donas el lunes, anulando toda la rutina de entrenamiento que hicimos el domingo y convirtiéndola, simplemente, en una rutina religiosa. La piedad es mucho más que eso.

Debe usar su «membresía» en Cristo para desarrollar su piedad. Es posible tener una membresía y no usar los beneficios que dicha membresía conlleva. Cuando aceptó a Jesucristo, usted obtuvo una membresía que le dio acceso a su gimnasio espiritual con el propósito de ejercitar la piedad. Este entrenamiento no consiste en crear piedad, sino en desarrollar la piedad que ya posee en virtud de su salvación (2 Pedro 1:3). Aunque sea cristiano, su alma vive en la carne, lo cual sigue produciendo pensamientos, apetitos y actos malvados que necesitan ser purificados. La razón por la cual muchos cristianos permanecen derrotados durante tanto tiempo es porque su alma está fuera de forma.

Es necesario que el buen estado espiritual sea prioritario, antes que el buen estado físico. La ejercitación física será beneficiosa por un ratito, pero la piedad es beneficiosa ahora y para la eternidad. Si usted entrena su cuerpo más de lo que entrena su alma, tiene las prioridades confundidas. Su alma suplica por la piedad. Esto es porque la piedad produce grandes ganancias y su alma lo sabe. Satanás también lo sabe, es por eso que trata de hacer todo lo posible para distraerlo de empeñarse en ella. La piedad únicamente es posible cuando usted decide dejar de lado las distracciones y vivir su vida bajo el gobierno integral de Dios. La piedad ocurre cuando usted se juega entero por Dios y por los propósitos que él tiene para su vida.

Había una mujer que tenía un gato al cual su esposo odiaba. La mujer iba a salir de viaje, entonces, le dijo a su marido que cuidara a su gato. Ella estaría ausente por dos semanas. Pronto el gato empezó a volver loco al marido, este no lo aguantó más. Llevó al gato al astillero y lo puso en un barco que estaba preparándose para zarpar; luego, volvió a su casa. Cuando su esposa regresó, a la semana siguiente, le preguntó:

—¿Dónde está mi gato?

—El gato se fue —le respondió él.

—¡Tenemos que encontrarlo! —dijo ella.

—Desde luego, querida, vamos a buscarlo —respondió él.

Dieron vueltas por todos lados y, por supuesto, no pudieron encontrar al gato. La esposa del hombre dijo:

—Tienes que encontrar a mi gato. ¡Yo lo amo!

Veamos, este hombre era astuto, así que dijo:

—Te diré qué haremos, querida. Porque te amo tanto, pondré un anuncio en el periódico y, si alguien lo encuentra, le daré a esa persona cinco mil dólares.

Uno de los amigos del tipo vio el anuncio y dijo:

—Oye, acabo de ver el anuncio que pusiste en el periódico por el gato de tu esposa. ¿Cinco mil dólares por un gato?

—Sí, es correcto — respondió el hombre.

—¿Por qué entregarías una recompensa de cinco mil dólares por un gato? —preguntó el amigo.

—Es simple: Cuando sabes lo que sabes, ninguna cantidad es demasiado grande —contestó el hombre.

Bueno, cuando usted sabe la verdad sobre su futuro eterno y la gran ganancia que producirá la piedad, así como lo que Dios tiene reservado para usted cuando busca Su reino y Su voluntad para su vida, ninguna cantidad de tiempo, atención, enfoque o empeño le resultará excesiva.

4

UNA Y OTRA VEZ

Un principio muy importante de la vida es que la expectativa afecta el comportamiento. Si tiene la esperanza de ser médico, doy por sentado que está en sus planes ir a la Facultad de Medicina. Si desea ser abogado, imagino que trabaja para ingresar en la Facultad de Derecho. Si su intención es ser un deportista profesional, de seguro hace ejercicios de forma regular para lograr que su cuerpo esté en forma óptima.

Ahora, si me dijera que va a ser médico, pero no tiene pensado ir a la Facultad de Medicina, habría una contradicción entre sus expectativas y su comportamiento. Y, por mi parte, le diría que no me parece serio en cuanto a sus expectativas. Porque las expectativas afectan al comportamiento. Por eso es esencial que, como seguidor de Jesucristo, haga un cambio radical en su perspectiva sobre la eternidad, más pronto que tarde, lo cual causará un cambio radical en su comportamiento.

Básicamente, cuanto mayor sea su expectativa sobre el cielo, mejor será su vida en la tierra. Por el contrario, cuanto más baja sea su expectativa del cielo, peor será la vida que tendrá en la tierra. Si de verdad quiere vivir como debería hacerlo y aprovechar la vida al máximo, debe aprender a vivir con la eternidad en mente. Una manera de vencer el espíritu de perpetua derrota en la vida cotidiana es subiendo sus expectativas sobre la eternidad.

Muchos creyentes invierten todo en la canasta terrenal, a la vez que dejan pasar por completo la canasta de la eternidad. Por aspirar a la historia, pierden el cielo. Ahora bien, no quiero decir que se pierdan ir al cielo cuando esta vida se termine. Nuestra salvación no se basa en lo que nosotros hacemos, sino en lo que Jesucristo hizo por nosotros. Pero lo que sí pierden quienes se enfocan en la vida terrenal son las recompensas del cielo y la calidad de eternidad que se experimentará una vez que estén allá.

Sé que este no es un tema del que se habla ni del que se escribe demasiado. Pero hay que hacerlo porque nuestro punto de vista sobre el cielo y las recompensas eternas afectará directamente nuestras decisiones en la historia. En el Nuevo Testamento, Pedro comparte con nosotros cómo debemos elaborar esta perspectiva eterna, la cual es un enfoque del reino. Comienza revelando la estrategia común que Satanás usa para obstaculizar esta perspectiva clarificada: «Sobre todo, quiero recordarles que, en los últimos días, vendrán burladores que se reirán de la verdad y seguirán sus propios deseos. Dirán: "¿Qué pasó con la promesa de que Jesús iba a volver? Desde tiempos antes de nuestros antepasados, el mundo sigue igual que al principio de la creación"» (2 Pedro 3:3-4).

Pedro comienza por recordarnos la actitud predominante en la sociedad secular, la cual desestima la realidad de la eternidad ligada a Jesucristo. Cuanto más el mundo pueda desestimar lo eterno, más libertad tendrá para vivir en la maldad en el tiempo presente. Cuando Dios queda en el olvido y la idea de la eternidad es expulsada más allá de las estrellas y de las galaxias (de modo que la verdad se convierte en algo irreal para la mayoría de las personas) es cuando la realidad de la eternidad deja de influir en nuestra manera de vivir. Sin embargo, cuanto más próximo se vuelva el cielo y más reales se perciban los premios eternos, más nos preocuparemos por las decisiones, las elecciones y las prioridades de nuestra vida.

Lo que el enemigo desea hacer es que el mundo se vea más grande y que el mundo venidero parezca más pequeño. Quienes viven con este enfoque pueden cómodamente ir detrás de sus propias pasiones como les dé la gana. Es una forma de deísmo. El deísmo es esa filosofía de vida que dice: «Dios está en alguna parte, pero no está cerca de nosotros. Él interviene poco o nada en la realidad de la vida de todos los días». Dios se convierte en una especie de Papá Noel cósmico. Lo sacamos a relucir para las fiestas o cuando algo anda drásticamente mal; pero, fuera de esto, está bien envuelto y guardado en el armario. Con esa concepción de Dios, es fácil ignorar tanto su potestad como su presencia. Pedro prosiguió explicando cómo es el rechazo a Dios en los tres versículos siguientes:

> Deliberadamente olvidan que hace mucho tiempo Dios hizo
> los cielos por la orden de su palabra, y sacó la tierra de las aguas
> y la rodeó con agua. Luego usó el agua para destruir el mundo
> antiguo con un potente diluvio. Por esa misma palabra, los
> cielos y la tierra que ahora existen han sido reservados para
> el fuego. Están guardados para el día del juicio, cuando será
> destruida la gente que vive sin Dios.
>
> 2 PEDRO 3:5-7

Pedro nos comparte que vivir únicamente guiándose por los cinco sentidos que el ser humano puede reconocer hace que la persona omita la realidad y la verdad de Dios: que por su Palabra los cielos fueron formados y existen desde hace mucho tiempo. Quienes viven conforme al punto de vista del mundo (los que solo confían en las leyes de la naturaleza) rechazaron la verdad de que Dios ha creado este universo y las leyes naturales por las que juran. La creación misma muestra cómo Dios interviene en la historia.

Ver la complejidad descomunal de la creación y al mismo tiempo negar al Creador es irreal. Se necesita una especie de ceguera obstinada para creer que puede haber un reloj y no un relojero. ¿Cuántas veces tendría usted que desarmar el reloj sacándole todas las piezas intrincadas, lanzarlas al aire y hacer que volvieran a caer para que se convirtieran en un reloj de nuevo? Hacer eso es matemáticamente imposible.

Si tiene un reloj, tiene un relojero.

Asimismo, si hay un universo, hay un Creador del universo.

¿Quién creería que puede haber una pintura sin un pintor? Las cosas se originan en una realidad que está más allá de las cosas mismas, pero las personas que respetan la cosmovisión enunciada en los versículos que leímos antes (de 2 Pedro 3) las rechazan. ¿Por qué? Porque no quieren ninguna interferencia en las decisiones de su vida. Si toma en serio a Dios, demostrará esta creencia mediante sus acciones. Las expectativas afectan el comportamiento. Pero cuando usted descarta a Dios, puede tomar decisiones conforme a los deseos de su corazón y a su propio sentido común. Noé tuvo que ir más allá de su propio sentido común para confiar en la Palabra de Dios y construir un arca en un mundo que jamás había conocido la lluvia. Como consecuencia, Noé fue llamado el «predicador de justicia» (2 Pedro 2:5, LBLA). Su justicia se arraigó en la realidad de que aun cuando la Palabra de Dios contradecía sus cinco sentidos y sus experiencias, él decidió obedecerla.

Muchas de las cosas que Dios dice contradecirán lo que le enseñaron sus padres, los maestros en la escuela o la cultura y la sociedad. Noé no solo hizo un barco, sino que hizo un barco sobre tierra seca, con instrucciones complejas, durante un período de más de cien años. Es un período muy largo para seguir construyendo algo diseñado para flotar, en especial si usted nunca ha visto una gota de lluvia. Pero así es como

Dios obra a veces. A menudo, hay un gran vacío entre lo que Dios dijo y lo que usted ve.

Noé parecía un tonto mientras construía el arca durante el día y predicaba en la noche. Su mensaje no era tan profundo («¡Va a llover!»), y la gente no creyó. No fue hasta que comenzó a diluviar que las personas le creyeron. Pero, para entonces, fue demasiado tarde. Habían sido atrapados en la forma de ver la vida según la cual Dios no interviene en la tierra. Como consecuencia, perdieron todo.

Vivir a la luz de la eternidad significa vivir con la mentalidad de que la Palabra de Dios es verdad, aunque usted no vea a Dios actuar en su vida en este momento.

Poner en práctica la perspectiva de Dios

Además de vivir según la Palabra de Dios, Pedro nos insta a tomar decisiones poniendo en práctica la perspectiva de Dios en todo lo que hacemos. Los próximos dos versículos en su carta nos dicen:

> Sin embargo, queridos amigos, hay algo que no deben olvidar:
> para el Señor, un día es como mil años y mil años son como
> un día. En realidad, no es que el Señor sea lento para cumplir
> su promesa, como algunos piensan. Al contrario, es paciente
> por amor a ustedes. No quiere que nadie sea destruido; quiere
> que todos se arrepientan.
>
> 2 PEDRO 3:8-9

Poner en práctica la perspectiva de Dios en nuestra vida requiere de un cambio drástico en nuestra propia manera de ver la vida y el tiempo. Nosotros vivimos de manera lineal, desde un punto al punto siguiente, y así sucesivamente. Pasamos de los segundos a los minutos, a las horas, días, meses y años. Así es como medimos el tiempo. Así es como entendemos la vida. El tiempo es importante para nosotros solo porque tiene un avance lineal. Sin embargo, Dios no opera en absoluto conforme al tiempo lineal. En otras palabras, él trasciende al tiempo, esta es la razón por la cual las Escrituras lo llaman el Dios eterno.

Nosotros vivimos en tres periodos: lo que fue, lo que es y lo que vendrá. Ayer, hoy y mañana.

Dios vive en un periodo: el ahora.

Él existe exclusivamente en el presente. Dios no tiene un ayer y no tiene un mañana. Se comunica con nosotros en términos que reflejan nuestras divisiones del tiempo para que podamos entenderlo, pero él no divide el tiempo para sí mismo de esa manera. Todo es AHORA.

Cuando Moisés le preguntó a Dios en Éxodo 3:13: «Si voy a los israelitas y les digo: "El Dios de sus antepasados me ha enviado a ustedes", ellos me preguntarán: "¿Y cuál es el nombre de ese Dios?". Entonces, ¿qué les responderé?».

Dios contestó la pregunta de Moisés con una respuesta reveladora. Le dijo: «Yo Soy el que Soy. Dile esto al pueblo de Israel: "Yo Soy me ha enviado a ustedes"» (Éxodo 3:14).

En el idioma original, esta afirmación fue expuesta de esta manera: «Yo» (pronombre personal) «Soy» (tiempo presente), definido por «Yo» (pronombre personal) «que Soy» (tiempo presente).

En otras palabras, él es el Dios personal que vive eternamente en el ahora. Dios únicamente conoce el *ahora*. No necesita remontarse al pasado ni mirar hacia el futuro porque ambos están contenidos dentro de su *ahora eterno*. Es por eso que, en la eternidad, el tiempo carecerá de sentido para usted. No existirá la noche. El sol no saldrá; tampoco se ocultará. En la eternidad, todo será *ahora*.

Entiendo que le cueste concebir esta idea porque usted y yo estamos encerrados en una matriz temporal y es lo único que sabemos cómo comprender. Dios trata de explicárnoslo de una manera que podamos entender haciéndonos parte del versículo que acabamos de leer, de que un día es como mil años y mil años son como un día. Traducción: no utilice su reloj para calcular los horarios de Dios porque él no dice que un día *son* mil años; dice que son *como* mil años. El punto de vista de Dios sobre el tiempo está fuera de nuestro rango operativo y de lo que podemos estar conscientes. O, como lo expresa Isaías 55:8-9: «Mis pensamientos no se parecen en nada a sus pensamientos —dice el SEÑOR—. Y mis caminos están muy por encima de lo que pudieran imaginarse. Pues así como los cielos están más altos que la tierra, así mis caminos están más altos que sus caminos y mis pensamientos, más altos que sus pensamientos».

Básicamente, este pasaje nos recuerda que no debemos medir el tiempo de Dios con nuestros relojes. Dios quiere que usted y yo vivamos desde una perspectiva privilegiada distinta. Piense en una persona que va en un helicóptero, tiene una vista mucho mejor del tráfico de los alrededores. Así como esa persona que mira desde allá arriba, nosotros podemos aprovechar el campo visual de Dios. No debemos vivir desde la posición ventajosa de lo temporal, sino desde la posición ventajosa de lo eterno, al tiempo que vivimos en el caparazón de lo temporal. Debemos conducir sobre la autopista con la información procedente del helicóptero.

Debemos tener una mentalidad celestial mientras maniobramos en la historia.

Esto da un énfasis más claro a la próxima verdad porque Pedro dice que Dios no es lento en cuanto a sus promesas. Esto tiene sentido para nosotros solo cuando primero adoptamos y aplicamos el punto de vista divino sobre el tiempo a nuestro propio entendimiento. Porque cuando aplicamos nuestro punto de vista a los movimientos de Dios en la historia, él puede parecer muy lento. Pero eso es porque estamos mirando nuestros relojes y calendarios; no estamos teniendo en cuenta la perspectiva de Dios sobre el tiempo.

La Palabra dice que él no es lento; por lo tanto, debemos confiar en lo que nos dice y descansar en que él controla soberanamente el tiempo y las circunstancias. Es más, sus retrasos a menudo están ligados a nuestras demoras, no al revés. Dios puede parecernos lento, pero, en realidad, está siendo paciente con nosotros, esperando que nos alineemos con su voluntad antes de que él avance por nosotros.

Esta verdad plantea el gran enigma teológico entre la soberanía de Dios y nuestra responsabilidad. Esa es la tensión que existe entre la realidad del Dios que controla completamente todo y la pregunta de qué espera de usted ese Dios que controla todo. Porque si él tiene control soberano sobre todo, ¿por qué las cosas no suceden como se supone que deberían?

La respuesta a esa pregunta es que, dentro de su soberanía, Dios ha creado un espacio para nuestra responsabilidad. En cualquier evento deportivo existen determinados innegociables para regular el partido. La actividad en el campo de juego siempre es negociable dentro de esos límites soberanos. Las jugadas que se suspenden son negociables dentro de las reglas y las líneas establecidas del juego. Por consiguiente, la responsabilidad de cada equipo o de cada deportista condiciona el resultado del partido, aunque no pueden condicionar un resultado que difiera con las reglas del juego y con los límites del campo de juego.

En la infinita sabiduría de Dios, cuando creó la tierra y nos puso en ella, nos dio la responsabilidad de dirigirla. No hizo un mundo de robots programados para obedecer todo lo que él dice. Dios procuró crear un ámbito donde el amor pudiera elegirse, la obediencia demostrara honra y las decisiones reflejaran alineamiento. Al hacerlo, esta estrategia lo puso en la posición de esperar que nosotros determináramos, en definitiva, el tiempo y el enfoque de lo que él hace.

Observe que el viaje de Egipto a la Tierra Prometida llevaba apenas unas semanas de caminata, pero esas pocas semanas, de algún modo, terminaron siendo cuarenta años. No fue que Dios cambió de planes. Él planeó sacar a los israelitas de Egipto y liberarlos. Esto llevó cuarenta años porque los israelitas lo enfrentaron a lo largo del camino. Lo excluyeron de su conciencia y de sus decisiones y, entonces, sufrieron las consecuencias de su rebeldía.

De manera similar, Abraham y Sara tuvieron que esperar veinticinco años para ver que se cumpliera la promesa de una bendición que podría haberles sido dada mucho antes. Pero, como introdujeron una solución carnal a una situación espiritual, retrasaron la llegada de su propia promesa. Lo que decidieron no cambió lo que Dios había dicho ni lo que había prometido: alteró el tiempo de su concreción, así como las consecuencias que provocó, las cuales se viven hasta el día de hoy entre los descendientes de Ismael e Isaac en Medio Oriente.

Dado que Dios espera a que tomemos nuestras decisiones y nos alineemos bajo su autoridad, tenemos voz y voto respecto de cuándo él cumplirá las promesas que hizo para nuestra vida. Dios no es lento para cumplir sus promesas, pero usted y yo podemos atrasarlo en relación al tiempo de redención de esas promesas. Por eso, en las Escrituras hay infinidad de ejemplos en los que Dios le dice a alguien que haga algo primero, antes de que él haga lo que dijo que hará. Él desea ver la obediencia y la fe antes que la liberación.

Dedicamos mucho tiempo a pedirle a Dios que haga esto, aquello y lo otro, a la vez que nos quejamos de cómo esperamos que Dios cambie esto, revierta aquello o supere algún obstáculo que enfrentamos. Mientras tanto, Dios espera con paciencia que hagamos lo que él dijo que hiciéramos (como un acto de fe), para que pueda avanzar en lo que ha escogido hacer.

Así como hay un plazo estipulado para que la mayoría de las personas comiencen la escuela, asistan a clases y finalmente se gradúen, este período de tiempo puede demorarse si alguien no se presenta, no cumple con el trabajo ni aprueba los exámenes. Dios ha establecido un plazo indicado para las situaciones y los escenarios de su vida, pero depende de usted acompañarlos de una manera oportuna. Usted puede demorar la liberación y la bendición de Dios con sus propios actos.

Vivir conscientes de la eternidad está marcado por el vivir con la perspectiva privilegiada de cómo ve Dios el tiempo. A él no le importa tener que esperar que usted haga lo que le ha indicado que haga. Un día es como mil años para el Señor. Él tiene tiempo. Somos usted y yo quienes estamos atados a los límites que nos impone el tiempo, lo cual quiere decir que somos usted y yo quienes necesitamos imperiosamente obedecer a Dios por completo, para soltar su mano en la historia de nuestro corazón y de nuestra vida.

Además de esto, vivir con la consciencia de la eternidad nos permite desconectarnos mentalmente de lo temporal y de la fuerza que suele tener esto en nuestra vida. Pedro derrama su entendimiento sobre la duración de esta vida y sobre cómo debería impactar en nuestras decisiones:

> Pero el día del Señor llegará tan inesperadamente como un ladrón. Entonces los cielos desaparecerán con un terrible estruendo, y los mismos elementos se consumirán en el fuego, y la tierra con todo lo que hay en ella quedará sometida a juicio.
>
> Dado que todo lo que nos rodea será destruido de esta manera, ¡cómo no llevar una vida santa y vivir en obediencia a Dios!
>
> 2 PEDRO 3:10-11

Puesto que las cosas materiales que valoramos tanto serán destruidas, ¡necesitamos preguntarnos por qué las tratamos como si no fueran a serlo! Este auto nuevo será destruido. Esta casa nueva será destruida. Esta ropa nueva será destruida. Este dinero será destruido y aun los grupos bancarios serán destruidos. Wall Street se fundirá. Los estadios deportivos implosionarán. Las joyas serán destruidas.

Todas esas cosas a las cuales los seres humanos se aferran, a la larga, se esfumarán y dejarán de existir. Esta verdad nos sirve como poderoso recordatorio de que no debemos tratar, valorar, buscar, procurar ni aferrarnos a estas cosas con tanto fervor como puede que lo hagamos. Hacerlo es vivir nuestra vida sin la perspectiva de la eternidad, ignorando lo que va a suceder cuando la eternidad choque con el constructo temporal del tiempo. Incluso nuestros cuerpos un día serán destruidos.

Quiero pedirle un favor. Me gustaría pedirle que considere la idea de visitar el depósito de chatarra de su ciudad. Ya sea que lo haga esta semana o este mes, ¿se tomaría un momento para ir allí? Si le parece que estoy pidiendo demasiado, ¿al menos podría buscar en Internet «imágenes de depósitos de chatarra» y ver qué encuentra? Todo lo que ve en un depósito de chatarra alguna vez fue nuevo. Todo. Aquellas cosas solían tener buena apariencia. Eran valiosas. Solían tener sustancia. Pero, ahora, esos artículos solo sirven para desecharlos.

Entiendo que vivimos en un mundo tangible, el cual requiere de bienes tangibles. Necesita un auto que pueda conducir para ir al trabajo. Necesita un techo sobre su cabeza. Necesita ropa para ponerse y dinero en el banco. Pedro no dice que estas cosas sean malas en y por sí mismas. Ese no es el punto. El punto es que esos bienes no perdurarán. Y si no perdurarán, ¿por qué ponerlos tan alto en su lista de prioridades, aun por encima de lo que sí perdura, lo cual es todo lo que se hace para y en la eternidad? Santiago nos lo explica en detalle y sin rodeos:

> Los creyentes que son pobres pueden estar orgullosos, porque Dios los ha honrado; y los que son ricos deberían estar orgullosos de que Dios los ha humillado. Se marchitarán como una pequeña flor de campo. Cuando el sol calienta mucho y se seca el pasto, la flor pierde su fuerza, cae y desaparece su belleza. De la misma manera, se marchitarán los ricos junto con todos sus logros.

Dios bendice a los que soportan con paciencia las pruebas y las tentaciones, porque después de superarlas, recibirán la corona de vida que Dios ha prometido a quienes lo aman.

SANTIAGO 1:9-12

Todo lo que tenemos ahora un día se desintegrará. Lo cual significa que deberíamos sostenerlo de manera holgada, no estrechamente. Lo cual significa que debemos enfocarnos tanto, si no más, en lo que Pedro dijo que debe ser nuestra meta: procurar la santidad y la piedad. Tenemos que concentrarnos en vivir una vida agradable a Dios. Ese debe ser nuestro objetivo si hemos de vivir con la perspectiva de la eternidad. Todo lo demás nos será arrebatado algún día. Solo lo que sea hecho para Dios perdurará.

En los tres próximos versículos de la carta de Pedro (2 Pedro 3:12-14), él comparte con nosotros cómo podemos dedicarnos a tener esta mentalidad del reino. Tres veces en estos tres versículos Pedro usa una forma de la palabra *esperar*. Escribe sobre «*esperar* con ansias el día de Dios» (versículo 12, énfasis añadido). Continúa: «nosotros *esperamos* con entusiasmo los cielos nuevos y la tierra nueva [...]. Por lo cual, queridos amigos, mientras *esperan* que estas cosas ocurran, hagan todo lo posible para que se vea que ustedes llevan una vida pacífica que es pura e intachable a los ojos de Dios» (versículos 13-14, énfasis añadido).

Quiero que observe la palabra *esperar*. Al cambiar lo que usted espera, eso que valora y elige hacer se verá impactado. Pedro nos instruye a cambiar la espera de lo que vemos en esta vida por lo que esperamos en vista a la eternidad. Todo se trata de nuestro enfoque y de lo que elegimos para enfocarnos.

Lo que usted decida esperar determinará su manera de vivir.

Hacer de la perspectiva eterna su prioridad afectará sus elecciones y sus decisiones; afectará lo apegado que esté a las cosas de este mundo.

Las decepciones del mundo ya no se sentirán tan abrumadoras. Sus miedos no le parecerán tan dominantes. Las baratijas terrenales ya no se verán tan atractivas porque cuando considere que el tiempo lo define el Dios de la eternidad, tendrá el enfoque para ver que esas cosas son pasajeras en realidad.

5

VANIDAD DE VANIDADES

Cuando Crystal (mi hija mayor) era una niña, le encantaba armar rompecabezas. Cada año, en Navidad, Lois y yo sabíamos qué regalarle. Crystal amaba el desafío de quitar lo que no estuviera relacionado y descubrir la manera de reproducir la imagen de la caja.

En una ocasión, luego de que viéramos que tenía la capacidad de hacerlo, le compramos un rompecabezas de mil piezas. Desde luego, este rompecabezas tenía muchas piezas más, y Crystal tenía que poner mucha más atención para decidir dónde iba cada pieza. No transcurrió demasiado de este calvario antes de que viniera a nuestra habitación desde la mesa donde había estado trabajando y expresara su gran frustración.

—Papá, no puedo hacer esto. —Crystal suspiró con firme resignación.

—¿Por qué no? —le pregunté, sabiendo sobradamente bien que ella podía hacerlo.

—Tiene demasiadas piezas —dijo, señalando lo obvio.

Alentándola a que se concentrara solo en una pieza a la vez, la animé a que volviera a la mesa. Con un renovado sentido de confianza en sí misma y una estrategia más específica, terminó lo que pensó que nunca terminaría.

A veces, la vida puede parecerse a un rompecabezas con demasiadas piezas. Nos sentamos a la mesa (nuestro corazón sobrecargado de frustración, soledad y confusión), preguntándonos cómo diablos se supone que armaremos todo esto. En ocasiones, la imagen ni siquiera tiene sentido. La cosa no parece andar bien. Las piezas no se unen. No se relacionan. Entonces, nos damos por vencidos y dejamos las piezas tiradas y desordenadas.

A lo mejor esto le resulte conocido. Quizás, la imagen de su vida actual no es lo que usted había imaginado que sería. Usted soñaba con que su vida iría por un camino. Suponía que concretaría una tarea específica o que habría alcanzado cierta posición social. Pero eso no está saliendo bien. Quizás, pensó que su profesión avanzaría mucho más lejos de donde ha llegado. O imaginó que estaría en una relación mucho mejor de la que tiene ahora. Cuando da un paso atrás y mira las piezas de su vida, quizás no parecen encajar unas con otras de una manera sensata.

Si eso lo describe, ¡tengo buenas noticias! Vivir con un enfoque del reino le permitirá relacionar los diversos aspectos de su vida de manera tal que todo tenga sentido.

Si quiere bajar de peso, de seguro no irá a una nutricionista obesa. Si quiere que el cabello le crezca más rápido, de seguro no recurrirá a un esteticista calvo. En otras palabras, quiere que la persona a la cual usted acuda para pedir consejos sea un ejemplo de lo que está buscando en su propia vida. En términos de vivir la vida, Dios escogió a la persona más calificada para enseñarnos sobre ella. No solo eligió a la mejor persona: inspiró a esta persona para que escribiera un libro entero de la Biblia sobre cómo vivir. Este libro se basa en la vida del propio autor y está lleno de ejemplos. Doce capítulos completos están dedicados a este único tema de dónde poner el foco. El libro es Eclesiastés y fue escrito por un hombre llamado Salomón.

Si hay alguien capacitado para hablar sobre la vida, es Salomón. Nació en cuna de oro; fue hijo de un rey. Fue un hombre cuyo nivel económico podría competir con el de las personas más ricas de nuestro tiempo, a tal punto que haría que muchos parecieran indigentes. Fue un hombre que tuvo setecientas esposas y trescientas concubinas. En cuanto a experiencias de vida y a descubrir cómo conducir las relaciones, las decisiones financieras, la gobernabilidad, entre otras cosas, Salomón tenía más experiencia que los demás.

Viéndolo desde afuera, la mayoría supondríamos que, además, fue un hombre sumamente feliz. Sin embargo, la profundidad del vacío desde el cual escribe puede sorprendernos y enseñarnos al mismo tiempo. Comienza su libro sobre la sabiduría de la vida con estas palabras:

> Vanidad de vanidades, dijo el Predicador; vanidad de vanidades, todo es vanidad. ¿Qué provecho tiene el hombre de todo su trabajo con que se afana debajo del sol?
>
> ECLESIASTÉS 1:2-3, RVR60

Básicamente, Salomón nos dice que no tiene mucho de qué hablar. La palabra *vanidad* significa «vacío» o «inutilidad», también puede referirse a «lo que existe sin propósito». De esa manera, comienza a hablar de su vacío. No es precisamente la fórmula para un libro que se lee de una sentada; sin embargo, la pasión que tenía Salomón por la autenticidad es lo que atrajo a un lector tras otro a leer el Eclesiastés de punta a punta, una y otra vez. Después de todo, si había alguien que no debería haberse sentido vacío era este hombre. Poseía todo lo que la mayoría de las personas solo puede soñar, anhelar y luchar por conseguir. No obstante, sus primeras palabras son: «Vanidad de vanidades».

Esto me recuerda la historia de un hombre que se moría por terminar la escuela secundaria para poder ir a la universidad. Después, se moría por terminar la universidad para comenzar su carrera. Después, se moría por casarse para iniciar su familia. Luego, se moría por jubilarse, solo para darse cuenta de que, sencillamente, estaba muriéndose para entonces, y que nunca había entendido para qué había vivido toda la vida.

Vacío.

Falta de propósito.

Vanidad.

Nos afecta a la mayoría. Es la razón por la cual pasamos tanto tiempo tratando de encontrar algo que nos estimule y nos dé una sensación de trascendencia, sentido y entusiasmo. Pero ¿quién lo creería?: Cuando descubrimos algo que nos motiva, pierde su brillo, y volvemos precisamente al punto de partida. Es como hacer una anotación en la vida. Cruzar la línea de la meta es algo que lo hace sentirse en realidad genial, poderoso, realizado. Pero, tan pronto como sucede, alguien hace sonar el silbato y pide volver la jugada atrás con un penal por retención en el campo. De modo que la búsqueda sigue, sigue y sigue.

O se puede comparar con los fuegos artificiales del Cuatro de Julio en los Estados Unidos, los cuales explotan en el aire para el entusiasmo de los espectadores. Pero apenas pasado un momento, las cosas vuelven a estar a oscuras y los espectadores se quedan esperando más. ¿Cuándo es la próxima exhibición de luces brillantes? ¿Cuál será la próxima cuestión que nos hará decir: «¡Increíble!»? Ansiamos algo que nos dé una sensación de entidad y valor. Algo que nos haga sentir conectados con el valor y el sentido.

Para muchos, la vida es como meter un dedo dentro de un vaso con agua, luego, sacarlo y observar cómo el hoyo que hizo desaparece con rapidez. Porque, tan pronto como quita el dedo, su rastro desaparece. Al notarlo, se rasca la cabeza y se pregunta: *¿Por qué estoy aquí, realmente?*

Vivir la vida sin el propósito del reino nos lleva a hacernos estas preguntas y otras. Hasta el propio rey Salomón las tenía. La vida nunca tuvo la finalidad de darnos la plenitud por sí misma. Sin embargo, nosotros la buscamos. Nos tienta buscarla mediante nuestra propia carne. Así como a través de las estrategias y la metodología del enemigo para empujarnos en esa dirección. Y cuando parece que no logramos realizarnos, lo aparentamos. Fingimos. Al igual que el hombre que pone un letrero de «Cuidado con los perros» en la cerca de su jardín, aunque no tiene ningún perro, muchas personas intentan crear una imagen de su vida aludiendo a cosas que en realidad no tienen. Tratan de dar la impresión de ser alguien o de tener importancia. Quizás sea su manera de vestir, el auto que manejan, los nombres que mencionan o lo que hacen.

Las personas recurrirán a cualquier cosa que les dé una sensación de sentido y de utilidad. Porque si en realidad fuéramos sinceros unos con otros, reconoceríamos que esa sensación de vacío nos acorrala en esta vida, a pesar de lo alto que estemos en la escala social, a cuántas personas les gusten nuestras publicaciones o nuestros tuits, qué posesiones tengamos, qué usemos o qué manejemos. Razón por la cual la sabiduría de Salomón es tan fundamental cuando se trata de encontrarle sentido a esta vida. El punto principal de Salomón se reduce a una cosa: Cuando la vida se desconecta de Dios y de la eternidad, no tiene sentido.

Para expresarlo de otra manera: *La vida no tiene sentido cuando no se vive con un enfoque puesto en Dios y en su reino.*

Así son las cosas.

El deseo de más

A lo largo de los doce capítulos de Eclesiastés, Salomón nos lleva a un recorrido por su vida para transmitirnos claramente esta idea. Brinda una muestra de cómo intentó llenar el hueco que sentía en lo profundo de su alma. Nos da un ejemplo tras otro de cómo procuró satisfacer la profunda necesidad que había en él, relacionándose con este mundo de una u otra manera:

Me dije: «Vamos, probemos los placeres. ¡Busquemos "las cosas buenas" de la vida!».

ECLESIASTÉS 2:1

Después de pensarlo bien, decidí alegrarme con vino. Y mientras seguía buscando sabiduría, me aferré a la insensatez. Así traté de experimentar la única felicidad que la mayoría de la gente encuentra en su corto paso por este mundo.

ECLESIASTÉS 2:3

También traté de encontrar sentido a la vida edificándome enormes mansiones y plantando hermosos viñedos. Hice jardines y parques, y los llené con toda clase de árboles frutales. Construí represas para juntar agua con la cual regar todos mis huertos florecientes.

ECLESIASTÉS 2:4-6

Junté grandes cantidades de plata y de oro, el tesoro de muchos reyes y provincias. Contraté cantores estupendos, tanto hombres como mujeres, y tuve muchas concubinas hermosas.

ECLESIASTÉS 2:8

Todo lo que quise lo hice mío; no me negué ningún placer.

ECLESIASTÉS 2:10

Salomón no escatimó recursos para adquirir las cosas que típicamente se piensa que tienen sentido y causan placer en la vida. Compró casas, amistades, ropa, comidas, fantasías y entornos sofisticados. Se dedicó al comportamiento licencioso, la diversión y lo disparatado. Pero, a fin de cuentas, del dicho al hecho hay un trecho. Con claridad su vida como era: parloteo barato, placeres huecos y objetivos vacíos.

Dice: «Miré yo luego todas las obras que habían hecho mis manos, y el trabajo que tomé para hacerlas; y he aquí, todo era vanidad y aflicción del espíritu, y sin provecho debajo del sol» (Eclesiastés 2:11, RVR60).

He aquí, todo era vanidad. Salomón vuelve a su palabra, la cual usa casi cuarenta veces a lo largo de su libro sobre la vida. *Vanidad.* Todo era vacío. Sin sentido. Sin propósito. Había perdido su tiempo.

Él compara lo que hizo con perseguir el viento, algo que jamás podría alcanzar. A pesar de correr, buscar, agarrar y esforzarse, el viento nunca será atrapado. Puede intentarlo si quiere. Salga al exterior y espere que pase la brisa. Cuando la primera brisa pase junto a usted, extienda el brazo y tome un puñado del viento que sopla. Intente atraparlo sin que se le escape. Si lo hace, descubrirá que tan pronto como intente agarrar ese puñado de viento, ya no estará.

Este ejemplo es como aquello que perseguimos en la vida. Tan pronto como alcanza ese objetivo, baja esos kilos, encuentra esa relación, logra ese ascenso o compra ese bien material, descubre que la importancia que le dio mientras lo buscaba ha desaparecido, como pasa con todas las cosas cuando no tienen que ver con Dios ni con su reino. Buscar los beneficios terrenales, al margen de las bendiciones de Dios, solo deja un agujero vacío.

Más o menos cada dos años, miles de atletas se reúnen para participar de los Juegos Olímpicos de verano o de invierno. Estos deportistas se han entrenado para lo que la mayoría, en el mundo del deporte, considera la meta más alta: representar a su país en los juegos. Pero, aunque usted no lo crea, una gran parte de estos deportistas se deprimen en cuanto terminan los juegos. Y no únicamente los que no ganaron. Muchos de los que lograron el oro se sorprenden a sí mismos cayendo en un abismo de pensamientos y comportamientos depresivos[1].

El mismo resultado se da una vez que las personas logran metas importantes como casarse, tener un hijo, conseguir un empleo nuevo o adquirir un objeto caro (casa, auto, joyas, etcétera). Se llega a la conclusión de que aquello que se buscaba e idealizaba no provocó el resultado esperado. Queda un vacío molesto, un anhelo de algo más.

Lo que este mundo tiene que ofrecer nunca fue hecho para satisfacernos del todo. Ni siquiera la sabiduría pudo satisfacer a Salomón. Después de adquirir cosas materiales, placeres, personas y fastuosidad, Salomón orientó su corazón a buscar la sabiduría, pero solo descubrió que la sabiduría no lo llevó a donde él pensaba que lo llevaría:

> Entonces decidí comparar la sabiduría con la locura y la insensatez (porque, ¿quién puede hacer eso mejor que yo, que soy el rey?). Pensé: «La sabiduría es mejor que la insensatez, así como la luz es mejor que la oscuridad. Pues el sabio puede ver hacia dónde va, pero el necio camina a oscuras». Sin embargo, me di cuenta de que el sabio y el necio tienen el mismo destino: los dos mueren. Así que me dije: «Ya que voy a terminar igual que el necio, ¿de qué vale toda mi sabiduría? ¡Nada de eso tiene sentido!».
>
> ECLESIASTÉS 2:12-15

Nadie fue más brillante ni sabio que Salomón. Pero incluso él entendió la futilidad de hacia dónde lleva la sabiduría fuera de Dios. Tanto el necio como el sabio terminan en la tumba.

La realidad de la muerte interrumpió su capacidad para disfrutar los beneficios que había logrado en la vida. Esta realidad hizo que Salomón se hundiera en una actitud taciturna, la cual le generó emociones de odio: «Por lo tanto, llegué a odiar la vida, porque todo lo que se hace aquí, bajo el sol, es tan complicado. Nada tiene sentido, es como perseguir el viento» (Eclesiastés 2:17). Salomón llegó a despreciar su trabajo y sus logros porque sabía que, cuando él muriera, estas cosas quedarían para otro, ¿y quién podía saber si esa persona usaría sabiamente o abusaría de lo que él había construido? (Eclesiastés 2:18-20).

Salomón conoció la devastadora realidad de subir la alta escalera solo para descubrir que estaba apoyada contra el muro equivocado. Lo cual nos lleva a una de las gemas de este libro que, cuando se pone en práctica, puede darnos trascendencia, sentido y propósito. Se encuentra en el capítulo 3, en medio de una ráfaga de comparaciones relacionadas con el tiempo. Salomón dice que hay un tiempo para reír y un tiempo para llorar, para parir y para morir, para guardar silencio y para hablar, y la lista sigue. Aquí, en este relato descriptivo en el colofón de lo que implica nuestra vida, Salomón se encuentra con la importancia de vivir con la mentalidad del reino:

> Sin embargo, Dios lo hizo todo hermoso para el momento apropiado. Él sembró la eternidad en el corazón humano, pero aun así el ser humano no puede comprender todo el alcance de lo que Dios ha hecho desde el principio hasta el fin. Así que llegué a la conclusión de que no hay nada mejor que alegrarse y disfrutar de la vida mientras podamos. Además, la gente debería comer, beber y aprovechar el fruto de su trabajo, porque son los regalos de Dios.
>
> También sé que todo lo que Dios hace es definitivo. No se le puede agregar ni quitar nada. El propósito de Dios es que el ser humano le tema. Los sucesos del presente ya ocurrieron en el pasado, y lo que sucederá en el futuro ya ocurrió antes, porque Dios hace que las mismas cosas se repitan una y otra vez.
>
> ECLESIASTÉS 3:11-15

La clave para vivir una vida con sentido radica en el enfoque. Esto es porque Dios ha puesto la eternidad en su corazón. Y, aunque es posible que usted no lo sepa, ese anhelo que tiene de «mucho más» es el anhelo de Dios. Ese deseo de tener un propósito es el deseo de él. Esa necesidad que siente de trascendencia es la necesidad de su presencia, Dios la puso en usted. Dios *es* eternidad. Él *es* el Dios eterno. La eternidad que puso dentro de usted es él. Se basa en su conexión con él.

Dios no lo hizo a usted solo para el presente. No lo creó solo para este momento. Dios lo diseñó para siempre. El grado en que busque deliberadamente conectar el tiempo con la eternidad es el grado en el que podrá cambiar lo que le parece vano por lo que es una verdadera victoria. Pero mientras mantenga ambos desconectados, seguirá atrapado en un círculo que no puede cambiar y que no lo satisfará.

Las personas suelen confundir la realidad del presente. Usted no está en la tierra de los vivos y dirigiéndose a la tierra de los moribundos. No, está en la tierra de los moribundos y va hacia la tierra de los vivos. Si quiere encontrar satisfacción para su alma en este lado de la eternidad, necesitará vincular lo que hace, dice, piensa y elige con la eternidad. La vida es un regalo de Dios. Él nos la dio para que la disfrutemos. Pero cuando idolatramos la vida, la perdemos por completo. La vida sin Dios es como una aguja sin hilo o como un bolígrafo sin tinta. Disfrutar la vida y encontrar satisfacción en ella requiere del enfoque del reino y de la conexión con Dios.

Quien me conoce al menos un poco sabe que me encanta el pollo frito. Siempre que voy al aeropuerto de Atlanta, me detengo en un lugar especial cerca de las puertas, donde venden uno de los mejores pollos fritos que he probado en mi vida. Hace algunos años, mientras esperaba para comprar mi pollo frito, escuché que de fondo llamaban a los pasajeros de mi vuelo. Era la última llamada para abordarlo, pero todavía estaba haciendo la fila, esperando mi pollo. Sinceramente, me costó decidir qué hacer porque necesitaba llegar a mi vuelo, pero también quería disfrutar de una porción de ese fabuloso pollo frito.

Por supuesto, yo no iba al aeropuerto de Atlanta por el pollo frito. Eso era solo una gratificación por estar ahí. Perder mi vuelo por conseguir pollo frito hubiera sido estúpido. Asimismo, perderse la plenitud de sus galardones eternos porque quiere los beneficios temporales de este mundo sería igual de estúpido.

Si alguna vez visitó el Parque Nacional Yellowstone, o cualquier otro parque de este tipo, indefectiblemente habrá encontrado algún letrero que dice: «No alimente a los osos». Si alimenta a los osos con comida chatarra, no solo causará un impacto negativo en su salud y hará que procuren acercarse a los turistas, fomentando mayores peligros y riesgos, sino que además los acostumbrará a querer más comida chatarra. Adiestrará sus sentidos para desear la comida humana (papas fritas, salchichas, algodón de azúcar, etcétera). Cuando las papilas gustativas de los osos se acostumbren a disfrutar la comida chatarra, dejarán de querer su alimento natural. Luego, cuando los turistas no estén en los alrededores, ellos irán a buscar más turistas para que les den comida chatarra, en lugar de buscar su alimento natural.

Dios entiende que vivimos en un mundo de comida chatarra. Se nos brinda toda clase de alimento sabroso, pero que no proporcionan ningún valor nutricional. Él también comprende que cuanto más recurramos a estas cosas como nuestro sustento (así sean la fuente de nuestra realización, entretenimiento, sentido de trascendencia, etcétera), más perderemos el deseo de lo que en verdad nos satisface, nos alimenta y nos mantiene: él. Como resultado, perderemos nuestra fuerza, vitalidad, iniciativa, gozo y una variedad de elementos esenciales que hacen que la vida valga la pena ser vivida.

Salomón fue el más sabio de los hombres y tuvo la capacidad de buscar el sentido de todas las formas posibles. Pero, al final del día, resumió nuestra existencia humana con estas palabras: «Mi conclusión final es la siguiente: teme a Dios y obedece sus mandatos, porque ese es el deber que tenemos todos. Dios nos juzgará por cada cosa que hagamos, incluso lo que hayamos hecho en secreto, sea bueno o sea malo» (Eclesiastés 12:13-14).

Al final, Salomón pensaba en el Día del Juicio. Sabía que todos rendiríamos cuentas ante Dios. Por eso, su conclusión fue que el verdadero sentido debe hallarse en nuestra reverencia por Dios y su potestad en nuestra vida. Cuando vivamos con esta mentalidad, podremos descubrir la paz en el proceso de unir las miles de piezas de este rompecabezas llamado vida.

6

LA BONDAD
DE LA GRACIA

Muchos conocen los cuentos de Brer Rabbit. En una de las populares fábulas infantiles, el conejo es cazado por un zorro astuto. El zorro ha tratado de aprehender al (también astuto) conejo por un largo tiempo; sin embargo, una vez que lo hace, todavía le queda algo más por aprender. Porque cuando el zorro le dice a Brer Rabbit que lo despellejará y lo cocinará en un estofado, Brer Rabbit tiene una respuesta que el zorro no espera. En lugar de tener miedo porque va a ser despellejado vivo y cocinado en una olla como almuerzo, Brer Rabbit le ruega y le suplica al zorro que no lo lance al zarzal. «Lo que sea, menos el zarzal» es la súplica de Brer Rabbit.

Aun cuando el zorro le dice a Brer Rabbit que va a despedazar cada una de sus extremidades, Brer Rabbit responde con calma que eso puede soportarlo. Lo que no puede soportar es ser arrojado al zarzal. A la larga, esta conversación llega hasta el momento de tomar una decisión. El zorro llega a la conclusión de que lo peor que puede hacer para infligirle dolor a Brer Rabbit es arrojarlo al zarzal, entonces, decide hacer eso.

Pero lo que el astuto zorro no sabe es que Brer Rabbit lo ha engañado.

Brer Rabbit nació y creció en el zarzal. Se hizo mayor en el zarzal. En el intento del zorro por provocarle un sufrimiento mayor, lo arroja directamente a una bendición.

¿Qué tiene que ver este cuento infantil con el enfoque del reino? Nos da una nueva perspectiva para cuando Satanás intenta sacarnos del camino. Satanás puede estar diciéndonos que tiene planes para despellejarnos vivos, arruinar nuestra vida y destruirnos, pero cuando lo haga, recuerde que Dios puede transformar lo que estaba destinado a ser malo y hacerlo bueno.

Lo bello de ser un creyente en Cristo es que Dios es tan inteligente como para dejar que Satanás crea que está echándolo a su perdición, cuando en realidad está lanzándolo directo a sus manos. Dios puede quitarle las púas del zarzal (los pinchazos de la vida) y transformarlas en algo glorioso. Puede tomar lo que parece peor que malo y hacerlo hermoso.

Esto es porque cuando vive con un enfoque del reino, descubre el poder para dejar de mirar los desafíos de la vida y, en lugar de eso, concentrarse en Cristo mismo. Aunque esté en medio de los espinos, los cardos y las pruebas, sabe hacia dónde mirar. Cuando deje de enfocarse en lo que parecía derrotarlo y empiece a centrarse en la bondad de Dios y las muchas bendiciones que él tiene para usted, descubrirá el poder de vencer. Un vencedor es una persona que asume su posición en Cristo y la pone en práctica en Cristo. Vencedor no es quien trata de vencer. Es quien reconoce que ya ha vencido, solo que aún está en proceso de entender ese acto de vencer.

Muchos crecimos cantando un corito que proclama: «Dios es tan bueno». Esa canción contiene un poco de teología excelente porque la bondad de Dios es mucho más poderosa de lo que pueda darse cuenta. Cuando usted se enfoque en la bondad de Dios, descubrirá el poder para vivir la vida abundante. Como dicen las Escrituras: «Y ahora, amados hermanos, una cosa más para terminar. Concéntrense en todo lo que es verdadero, todo lo honorable, todo lo justo, todo lo puro, todo lo bello y todo lo admirable. Piensen en cosas excelentes y dignas de alabanza» (Filipenses 4:8).

En cualquier situación, donde usted decida dirigir sus pensamientos determinará su resultado. Enfocarse en la bondad de Dios en lugar de las dificultades de la vida, le permitirá vivir por encima de las circunstancias, no debajo de ellas.

La bondad de Dios puede definirse como «las perfecciones colectivas de su naturaleza y la benevolencia de sus actos». Para expresarlo con las palabras del Salmo 119:68: «Tú eres bueno y haces únicamente el bien; enséñame tus decretos». Dios es bueno por naturaleza y bueno en lo que hace.

La bondad de Dios es la norma según la cual cualquier cosa que se denomine «buena» debe ser juzgada. Marcos 10 lo expresa con notable claridad porque aquí somos confrontados con el fundamento de la bondad. El gobernante joven y rico tenía todo (riqueza, juventud y poder) lo que la mayoría de las personas lucha por lograr. Pero también sabía que tenía un vacío dentro de él. Le faltaba algo. Un día, se encontró con Jesús y le hizo la famosa pregunta: «Maestro bueno, ¿qué debo hacer para heredar la vida eterna?». La respuesta de Jesús fue instructiva: «¿Por qué me llamas bueno? [...]. Solo Dios es verdaderamente bueno» (Marcos 10:17-18).

El joven usaba el término *bueno* sin darse cuenta de todo lo que implicaba decirlo ni de la Persona a quien le estaba hablando. Necesitaba una rápida lección de teología, por lo tanto, Jesús lo desafió diciendo, básicamente: «¿Cómo sabes que soy bueno? ¿Según qué parámetro usas este término? Tienes que entender que nadie es realmente bueno, excepto Dios».

La idea que procuró transmitir Jesús fue algo como: «O yo no soy bueno o yo soy Dios». Jesús estaba ayudando al joven a reconocer Su deidad desde un ángulo distinto. Al margen de la necesidad particular de este hombre, Jesús va más allá y enfatiza que toda cosa llamada «buena» debe hallar el origen de su bondad en Dios.

La Biblia declara en Santiago 1:17: «Todo lo que es bueno y perfecto es un regalo que desciende a nosotros de parte de Dios nuestro Padre, quien creó todas las luces de los cielos». Todo lo auténticamente bueno tiene su origen en Dios.

Según el capítulo inicial de Génesis, Dios en su bondad no solo nos creó a usted y a mí, sino que también creó todas las cosas para nosotros (Génesis 1:27-31). En otras palabras, Dios no creó las plantas o los animales solo para tenerlos alrededor. Los creó para el bien de los seres humanos. En Génesis 1:29, Dios le dijo a Adán que le dio al hombre todas las plantas y «todos los árboles frutales» para que sirvan de alimento.

Cada día que usted se levanta, ve la luz del sol y exclama «¡Qué día precioso!», imagine a Dios diciendo: «¿Cómo piensas que pasó esto? El día de hoy no apareció ahí por sí mismo. Es un día precioso porque yo soy un Dios bueno».

O, cada vez que ve una rosa encantadora, imagine a Dios diciéndole: «No quiero que digas solo lo bonitas que son las rosas. Si lo haces, no entiendes la idea. La idea es que sé lo que hago cuando hago las flores, porque yo soy un Dios bueno».

Pero debemos saber que la bondad de Dios no es equitativa. Él es bueno con *todas* sus criaturas de *algunas* maneras, pero es bueno con *algunas* de sus criaturas en *todas* las maneras.

Mateo 5:45 da un ejemplo de cómo Dios es bueno con todos: «Pues él da la luz de su sol tanto a los malos como a los buenos y envía la lluvia sobre los justos y los injustos por igual». Usted no tiene que ser cristiano para recibir la lluvia de Dios; él ha ordenado que ciertos aspectos de su bondad estén disponibles para todas las personas.

Por otra parte, Dios ha provisto a los cristianos la capacidad de disfrutar su bondad en sentidos que el mundo nunca podría apreciar.

Él nos ha dado su revelación, su Espíritu Santo para que nos guíe y la perspectiva divina sobre la vida que abre nuestros ojos para ver y disfrutar su bondad.

Si usted es cristiano, puede participar de la bondad de Dios y beneficiarse de ella como ninguna persona no salva puede hacerlo. Romanos 8:32 dice: «Si Dios no se guardó ni a su propio Hijo, sino que lo entregó por todos nosotros, ¿no nos dará también todo lo demás?».

Ahora bien, yo sé que hablar de disfrutar las cosas pone nerviosos a algunos cristianos, pero quiero mostrarle algunos versículos que podrían escandalizarlo si no está acostumbrado a la idea de que los cristianos la pasan bien. Pablo escribió: «Ya que todo lo que Dios creó es bueno, no deberíamos rechazar nada, sino recibirlo con gratitud. Pues sabemos que se hace aceptable por la palabra de Dios y la oración» (1 Timoteo 4:4-5).

Pablo estaba refutando a los que intentan recargar con toda clase de restricciones y reglas al pueblo de Dios. Pero he aquí un pensamiento revolucionario: es pecado *no* disfrutar la bondad de Dios cuando él la ha provisto para nosotros. La cosa se pone mejor aún en 1 Timoteo 6: «Enséñales a los ricos de este mundo que no sean orgullosos ni que confíen en su dinero, el cual es tan inestable. Deberían depositar su confianza en Dios, *quien nos da en abundancia todo lo que necesitamos para que lo disfrutemos*» (versículo 17, énfasis añadido).

Si recibimos la bondad de Dios con gratitud y nuestro foco está puesto en él, somos libres para disfrutar sus bendiciones. ¿Dónde dice que a los pecadores les toca lo más divertido? A muchos nos criaron con la idea de que cuando nos convertimos en cristianos, ingresamos en una existencia aburrida, mientras que los pecadores gozan de todo lo bueno. Es una doctrina demoníaca la que dice que ser cristiano es vivir una vida de negación, vacía, aburrida, sin propósito y opaca. Esto es falso porque, como hemos visto a través de las Escrituras, Dios dice: «Todo lo que yo creé es bueno y fue hecho para ser disfrutado por quienes conocen la verdad» (paráfrasis del autor).

Los creyentes deberíamos disfrutar de la naturaleza más que los no creyentes porque nosotros conocemos quién es el Hacedor. Deberíamos disfrutar de las relaciones más que nadie. Deberíamos disfrutar de una buena comida más que nadie. Deberíamos disfrutar las flores más que nadie. Deberíamos disfrutar la creación más que todos porque conocemos al Creador.

Entonces, ¿cómo debemos reaccionar a la bondad de Dios, según lo revelado en la Biblia y en la Persona y la obra de Jesucristo? En primer lugar, la bondad de Dios debe motivarnos a adorarlo. Mire lo que dice el Salmo 107:1-2: «¡Den gracias al Señor, porque él es bueno! Su fiel amor perdura para siempre. ¿Los ha rescatado el Señor? ¡Entonces, hablen con libertad! Cuenten a otros que él los ha rescatado de sus enemigos».

También deberíamos tener la motivación de compartir la Buena Noticia del favor de Dios en Jesucristo. Hablamos de todo lo demás, ¿no es cierto? Cuando termina un partido importante, la gente no tiene miedo de hacerse escuchar si su equipo gana. Estallan en elogios. Después, se juntan para celebrar la victoria de su equipo.

Luego Dios dice que hablemos de su bondad y su redención, y nosotros decimos: «Él ya sabe que estoy agradecido». Sin embargo, Dios no quiere tener que leernos la mente o el corazón. Quiere escuchar que nuestros labios lo alaban y le dan gracias.

También debemos reunirnos y celebrar la bondad de Dios. Alguien siempre contesta: «Yo no tengo que ir a la iglesia para ser cristiano». Seguro que no. Ir a la iglesia no lo hace cristiano. Pero si es un cristiano *agradecido*, irá a celebrar la bondad de Dios. No le molestará cantar para Su gloria. Lo gritará a viva voz. ¿Por qué? Porque él ha sido bueno con usted.

El Salmo 107:7 dice que Dios también dirige a su pueblo. Por lo tanto, el consejo del salmista es: «Alaben al Señor» (versículo 8). Y en el versículo 9, el autor afirma que Dios alimenta al hambriento y satisface al sediento. Luego dice que cuando los ansiosos claman a Dios en sus dificultades, él los salva de su aflicción (versículos 13-14).

Dios quiere ser alabado. De seguro usted les enseñó a sus hijos a decir: «Gracias». ¿Les enseñó a que lo digan una vez por semana o una vez por año? ¿O quiere que aprendan a decir «Gracias» como una forma de vida, de modo que sea una excepción cuando no expresen gratitud? Muchos padres, cuando sus hijos reciben algo, les dicen: «No te escuché decir "Gracias". ¿Cómo se dice?».

Dios hace algo similar en las Escrituras cuando nos dice una y otra vez que «demos gracias al SEÑOR». Es como si él dijera: «¿Cómo se dice? No escucho tu agradecimiento». La alabanza no está completa hasta que ha sido expresada. La bondad de Dios nos da sobradas oportunidades para ser agradecidos: «Prueben y vean que el SEÑOR es bueno» (Salmo 34:8).

La bondad de Dios

Aquí es donde se pone bueno porque, como dije antes, la mayor expresión de la bondad de Dios estuvo en la gracia de la salvación que él derramó en nosotros por medio de la muerte de Cristo en la cruz. Asegúrese de entender bien esta verdad: la gracia de Dios solo es posible por el sacrificio que hizo su Hijo en la cruz por nosotros. Hoy en día estamos vivos espiritualmente, y no consumidos por el pecado y sus repercusiones, solo por lo que hizo Jesús. E iremos al cielo solo por lo que él hizo.

Si no fuera por el sacrificio de Jesucristo, hubiéramos sido aniquilados por su juicio. Pero la muerte de Cristo en la cruz liberó a Dios para colmarnos con su gracia, en lugar de derramar su ira santa y justamente merecida. La razón por la cual adoramos al Señor Jesucristo es porque, mediante él, la gracia de Dios fue desplegada. Adoramos a Cristo porque él se ocupó de lo único que impedía que Dios nos extendiera su gracia: nuestro pecado.

Pablo escribe: «Y Dios proveerá con generosidad todo lo que necesiten. Entonces siempre tendrán todo lo necesario y habrá bastante de sobra para compartir con otros» (2 Corintios 9:8). No existe la gracia insuficiente.

La mayoría hemos padecido la vergüenza de que nos reboten un cheque por fondos insuficientes. Pero Dios no tiene ningún problema para cubrir sus cheques. La Biblia dice que la gracia de Dios es tan inagotable, tan asombrosa en su provisión, que nunca se acaba. La gracia fue diseñada no solo para salvarlo, sino para guardarlo. Cuando usted se hizo cristiano, Dios le proveyó todo lo que necesita para la vida y el crecimiento espiritual. Es por eso que Pedro dice que debemos «[crecer] en la gracia y el conocimiento de nuestro Señor y Salvador Jesucristo» (2 Pedro 3:18). La gracia es un regalo poderoso que nos permite vivir plenamente la vida del reino, aun (o en especial) en los momentos difíciles. Que nadie le impida crecer en su conocimiento de la increíble provisión de la gracia de Dios.

Creo que cuando muchos lleguemos a la eternidad, Dios dirá algo como: «Lo único que necesitaban para experimentar la vida cristiana victoriosa estaba disponible en mi gracia. Pero no crecieron en gracia y nunca llegaron a comprender mi suficiencia». No quiero que eso me suceda a mí y tampoco deseo que sea su experiencia. El objetivo de este estudio sobre vivir con un enfoque del reino es ayudarlo a captar el sentido de la asombrosa gracia de Dios, de tal manera que el darle a él todo lo que le pida, incluyéndolo a usted mismo, sea su mayor alegría y privilegio. Y no se preocupe por ser insuficiente en algún área, porque Dios dice: «Mi gracia es todo lo que necesitas» (2 Corintios 12:9).

Cualquier cosa que Dios pida que le entreguemos, ya sean nuestros recursos económicos, nuestro servicio o, incluso, nuestra vida y nuestra atención, es completamente razonable porque todo lo que somos y lo que tenemos es, en principio, un regalo de él.

Hay muchos pasajes de las Escrituras que nos enseñan esta verdad, aunque solo mencionaré algunos de los que me vienen más pronto a la mente. Pablo escribió: «Pues, ¿qué derecho tienen a juzgar así? ¿Qué tienen que Dios no les haya dado? [Respuesta: ¡nada!] Y si todo lo que tienen proviene de Dios, ¿por qué se jactan como si no fuera un regalo?» (1 Corintios 4:7). ¿Debería esto disminuir el valor de nuestros dones a los ojos de Dios o a los nuestros? Para nada. Pablo simplemente está diciendo: «Cuando usted use sus dones para beneficiar a otros o para promover el reino de Dios, que no se le suban los humos a la cabeza. No se enorgullezca de lo que Dios hace a través de usted» (paráfrasis del autor).

Varios miles de años antes de Pablo, Dios le hizo una pregunta muy incisiva al patriarca Job: «¿Quién me ha dado algo para que tenga que pagárselo? Todo lo que hay debajo del cielo es mío» (Job 41:11).

Como declara el salmista: «La tierra es del SEÑOR y todo lo que hay en ella; el mundo y todos sus habitantes le pertenecen» (Salmo 24:1).

Y, por si alguien no capta la idea, Dios lo deja claro para que podamos entender sin dudas qué le pertenece a él:

> Pues todos los animales del bosque son míos,
>> y soy el dueño del ganado de mil colinas.
> Conozco a cada pájaro de las montañas,
>> y todos los animales del campo me pertenecen.
> Si tuviera hambre, no te lo diría a ti,
>> porque mío es el mundo entero y todo lo que hay en él.
>
> SALMO 50:10-12

La gracia de Dios

Teniendo en cuenta este recordatorio sobre la bondad de Dios, creo que la mejor manera de integrarla al enfoque del reino es conocer cómo la suficiencia absoluta de la gracia de Dios (y cualquier otra cosa que podamos necesitar) nos permite seguirlo y servirlo eficazmente. Veamos una cita del sermón de Pablo en Atenas:

> De un solo hombre creó [Dios] todas las naciones de toda la tierra. De antemano decidió cuándo se levantarían y cuándo caerían, y determinó los límites de cada una. Su propósito era que las naciones buscaran a Dios y, quizás acercándose a tientas, lo encontraran; aunque él no está lejos de ninguno de nosotros. Pues en él vivimos, nos movemos y existimos.
>
> HECHOS 17:26-28

Pablo plantea que no podemos conocernos a nosotros mismos si estamos al margen de Dios. Separado de Dios, usted nunca sabrá quién es, de dónde vino, por qué está aquí o hacia dónde va. En él, usted vive. En él, se mueve. En él, radica su existencia. Esa es una buena noticia porque la Biblia enseña que dependemos *por completo* de Dios para todo lo que tenemos, incluida la próxima bocanada de aire en nuestros pulmones.

Permítame decirlo otra vez: Dios es suficiente en sí mismo. Es el responsable de todo lo que vemos (de toda la creación), pero es independiente de su creación. Puede hacer lo que quiera. Porque nosotros vivimos, nos movemos y tenemos nuestra existencia en él, somos totalmente dependientes de él. Todo lo que somos es por todo lo que él es.

La próxima afirmación se infiere por lógica de lo que acabamos de leer sobre la suficiencia absoluta de Dios: la suficiencia de Dios significa que solo podemos descubrir nuestra plenitud en él. Esta verdad aparece a lo largo de toda la Biblia, pero quiero tomar uno de los pasajes poéticos más bellos de las Escrituras para hacer hincapié en esta idea de suma importancia.

David escribió el Salmo 23 mientras reflexionaba en su antiguo trabajo como pastor. David conocía a Dios. Los Salmos reflejan la relación íntima que tenía con él y cuánto lo conocía. Dios mismo dijo que David era un hombre conforme a su propio corazón (1 Samuel 13:14). Mientras reflexionaba, David se dio cuenta de que lo que él (como pastor) era para sus ovejas, Dios era para él.

David escribió: «El Señor es mi pastor; tengo todo lo que necesito» (Salmo 23:1). David dice que si usted permite que Dios sea Dios, no le faltará nada.

Muchos fracasamos en nuestra vida porque pretendemos convertir a Dios en un ser humano. Cuando las ovejas tratan de transformar a los pastores en ovejas, se confunden. Pero mientras que las ovejas dejen que el pastor sea el pastor, tendrán alguien que las guíe hacia donde deban ir. David nos recuerda: «Deje que Dios sea Dios».

Deje de intentar que Dios sea como usted. Permita que Dios sea Dios. Cuando lo haga, él dejará que usted sea como debe ser.

David continúa en el Salmo 23: «En verdes prados me deja descansar; me conduce junto a arroyos tranquilos. Él renueva mis fuerzas» (versículos 2-3). David dice que si el Señor es su Pastor, él satisfará sus necesidades *espirituales*. Aquí no se refiere a beber agua o descansar en prados verdes porque si usted bebiera el agua, no sería de arroyos tranquilos. Y si descansara en los prados, no serían verdes, sino áridos.

No, el tapiz de pasturas verdes y de arroyos tranquilos es una representación de descanso. El planteo de David es que Dios le restituye su vida. Si usted permite que Dios sea Dios, aun en medio de los placeres y los sufrimientos de la vida, si somete su ser a quien él es, él le devuelve su alma. Lo renueva espiritualmente.

Luego David escribe: «Me guía por sendas correctas, y así da honra a su nombre» (Salmo 23:3). Si el Señor es su Pastor, él se ocupará de sus necesidades *direccionales*. Él lo guiará en la vida. El Pastor conoce el camino correcto para su oveja. Si usted permite que Dios sea Dios, él restaurará su alma. Permítale ser el Dios suficiente, deje de darle consejos y, sencillamente, haga lo que él dice. Él lo dirigirá por el camino adecuado.

El versículo 4 del Salmo 23 dice: «Aun cuando yo pase por el valle más oscuro, no temeré, porque tú estás a mi lado. Tu vara y tu cayado me protegen y me confortan». Si el Señor es su Pastor, él se ocupará de sus necesidades *emocionales*. Dios satisfará sus necesidades emocionales para que usted pueda decir: «No temeré a ningún mal».

Cuando las ovejas se pierden y quedan entre dos montañas o dos grietas, depende de la hora del día, el sol proyecta una sombra sobre el camino. Como no son muy listas, las ovejas ven la sombra y piensan que está llegando la noche. Ellas le temen a la noche. David dice que cuando las sombras de la vida se nos vienen encima y pensamos que no tenemos esperanza y que las cosas no van bien, Dios está a nuestro lado con su vara y su cayado.

David había quedado atrapado en los matorrales de la vida por su inmoralidad. Había cometido adulterio con Betsabé y agravó la situación al asesinar a su esposo (2 Samuel 11–12). Estaba enredado. La sombra de la muerte se le acercó, pero cuando él resolvió sus pecados y regresó a Dios, la vara de Dios lo protegió. El cayado de Dios lo trajo de vuelta y la gracia de Dios lo protegió. Si el Señor es su Pastor, él puede evitar que el miedo lo agobie.

Dios también satisfará sus necesidades *físicas*, de acuerdo con el Salmo 23:5: «Me preparas un banquete en presencia de mis enemigos. Me honras ungiendo mi cabeza con aceite. Mi copa se desborda de bendiciones».

Entre las cosas que llevaban los pastores en la época de David había un paño de tela y un morral. En el morral llevaban forraje y granos. Cada vez que David encontraba una oveja perdida, tendía el paño sobre el suelo y servía comida de su pequeño morral sobre la tela. Aquello era el «banquete» para la oveja. Los depredadores merodeaban, pero no solo no podían comerse a la oveja: tampoco podían comer lo que ella estaba comiendo gracias a la presencia del pastor.

Dios dice aquí que, lo que David era para sus ovejas, él lo es para sus hijos. Dios es tan suficiente que el desborde de su copa no depende del curso de la economía. No depende de la recesión ni de la inflación. No depende de quién despide o quién contrata empleados. Cuando usted permanece en la voluntad y en el camino de Dios, él le da su pan de cada día.

Finalmente, Dios es suficiente para sus necesidades *eternas*. El Salmo 23 concluye: «Ciertamente tu bondad y tu amor inagotable me seguirán todos los días de mi vida, y en la casa del Señor viviré por siempre» (Salmo 23:6). Dios es bueno no solo durante nuestra vida, sino a lo largo de toda la eternidad.

Si está deprimido, él es lo que necesita para reanimarse. Si no sabe qué decisión tomar, él es quien usted necesita para dirigir su camino. Si le preocupa cómo está el mundo, él puede darle descanso. Si está preocupado porque no sabe cómo llegar a fin de mes, él es lo único que necesita para pagar las cuentas. Si no está seguro en relación a dónde pasará la eternidad, él es la llave que necesita para entender su destino eterno.

¿Hay alguna cuestión de la vida que no integre una de estas categorías? Sus necesidades son espirituales, direccionales, emocionales, físicas o eternas. Dios es suficiente para todas ellas. Todo lo que necesita puede ser cubierto por la suficiencia de Dios cuando usted vive bajo Su autoridad, de acuerdo con Su voluntad y en sintonía con Su Palabra. Si usted lo conoce bien y vive en obediencia, de buena voluntad en él, Dios le demostrará Su suficiencia.

La única pregunta restante es esta: *¿Es el Señor su Pastor?* Solo si usted permite que sea su Pastor sabrá que él es suficiente para sus necesidades, por más grandes o abrumadoras que parezcan ser.

Una de las causas de los accidentes aéreos son los vientos cortantes: la fuerza invisible y poderosa que súbitamente afecta el área por la cual un avión vuela para aterrizar. El viento empuja la aeronave hacia abajo o la mueve hacia el costado con una presión tan poderosa e inesperada que el piloto no puede recuperarla. El problema con los vientos cortantes es que pueden ser difíciles de detectar. Al parecer, salen de la nada. Se parecen un poco a las dificultades y a los problemas que enfrenta en la vida. Va volando, metido en sus asuntos, haciendo lo mejor que puede cuando, de repente, los vientos cortantes lo impactan negativamente. Alguna inesperada ráfaga de oposición cae sobre usted y lo obliga a caer o, como dicen algunos, a sufrir una crisis.

Sin embargo, para los aviones los seres humanos han desarrollado una tecnología que se ocupa de los vientos cortantes. Se llama radar Doppler. Esta maravilla meteorológica tiene la capacidad de ver lo invisible, leerlo y avisarles a los pilotos qué deben enfrentar. Un piloto prudente le prestará suma atención a la lectura del radar porque comprende que el radar puede ver e interpretar lo que él no puede. El piloto sería un tonto si confiara en sus instintos y lo ignorara. Así como cuando usted y yo confiamos en nuestros instintos y dejamos de enfocarnos en el Único que puede ver lo invisible en nuestra propia vida y ayudarnos a encontrarle sentido a eso que tiene la intención de hacer que nos estrellemos.

Dios quiere que usted mantenga el foco en él y en su bondad, así como en los cuidados que le prodiga como su Pastor, en lugar de prestarles atención a las cosas de la vida que Satanás lanza en su camino. Cuando se mantenga enfocado en él, sabrá qué significa vivir realmente como un vencedor.

Por cierto, es posible «ser» un vencedor en su condición, sin superar su situación. Es posible estar en la posición de vencedor sin vencer realmente en la práctica. También es posible ser un vencedor en su doctrina sin vivir como un vencedor en la devoción. *La verdad seguirá siendo una teoría para usted, a menos que la ponga en práctica.* Para poner en práctica el enfoque del reino, debe entender que hay fuerzas invisibles que quieren impedirle que tenga un aterrizaje seguro. Esas fuerzas se proponen lograr que usted se concentre en ellas, en lugar de mirar a Aquel que está por encima de ellas y que puede librarlo.

Mantenga los ojos puestos en la bondad de Dios y el foco en su mano que lo guía, y sabrá cómo evitar los obstáculos y los peligros que la vida le lanza.

7

EL GPS PERSONALIZADO

Algunas personas todavía usan el servicio satelital para recibir su programación televisiva. Funciona de la siguiente manera: hay una red de satélites a treinta y cinco mil kilómetros (y aún más) sobre la tierra. Las estaciones de televisión envían su programación al proveedor satelital, el cual tiene una conexión con los satélites que están en el espacio. A través del satélite, el proveedor envía una señal a cada suscriptor para transferir todas esas imágenes coloridas y esos sonidos.

Rara vez pensamos en las complejidades que implica proveer nuestra programación cuando nos sentamos a mirar un partido, un espectáculo o una película. Simplemente pagamos la tarifa, apretamos un botón y esperamos que las imágenes aparezcan. Cuando no aparecen (porque hay una tormenta o algún problema con el proveedor), nos sentimos frustrados y enojados, como si los satélites que flotan en el espacio nunca debieran toparse con problemas técnicos.

Hemos llegado a dar por sentado este gran avance tecnológico de la misma manera que damos por sentado el aire que respiramos. Y aunque las imágenes que provee son increíblemente nítidas, seguimos dependiendo del equipamiento que las envía. Sin el equipamiento debidamente colocado en su lugar y la comunicación entre las varias piezas del equipamiento, no habría más que estática en la línea.

Es posible que no lo haya pensado de esta manera, pero Dios tiene su propio sistema satelital para usted, también. Es la red de transmisión celestial. Es una red diseñada exclusivamente para permitirle a usted operar con la precisión de la perspectiva celestial, para que usted pueda obtener una vida mejor y más precisa. A través de su sistema, usted puede conectarse con el cielo y descubrir cómo navegar su vida en la tierra. Tener una visión de la eternidad lo guiará de mejor manera a través del tiempo. Esta señal de transmisión celestial está diseñada exclusivamente para encauzar su vida de acuerdo con la voluntad de Dios, de manera que pueda cumplir los propósitos que él tiene para usted.

Cuando el apóstol Pablo escribió su carta a la iglesia de Corinto, les habló de esta señal satelital que está disponible para todos los creyentes por medio de la redención de Jesucristo. No se refirió a ella como una señal satelital, por supuesto, pero los principios de cómo funciona son similares. Y si usted aceptó a Jesucristo como su Salvador personal, se le ha garantizado la capacidad para recibir la señal. En virtud de ser cristiano, usted posee el receptor. No hay que pagar ninguna tarifa. Ya fue pagada por completo.

En la actualidad, algunas compañías satelitales instalan un disco en el exterior de la casa, el cual baja la señal del satélite. El satélite existe, más allá de que el disco esté instalado o no en su casa. Pero la capacidad de sacar provecho de la señal satelital viene a través del receptor instalado. De manera similar, cuando usted aceptó a Jesucristo como su Salvador personal, Dios instaló un receptor en su alma. Primera de Juan 2:20 y 2:27, NVI, llaman a este receptor la «unción». Es la presencia del Espíritu Santo depositada en el alma del creyente, estimulando al espíritu humano para que capte la sintonía del cielo. Está diseñada para que usted pueda bajarla del satélite de Dios a su vida de todos los días, con la finalidad de que la pantalla de su visión, sus pensamientos y su mentalidad transmitan en alta definición. La primera carta de Pablo a la iglesia de Corinto nos da una mirada de qué le mostrará el satélite:

A eso se refieren las Escrituras cuando dicen:

«Ningún ojo ha visto, ningún oído ha escuchado, ninguna mente ha imaginado lo que Dios tiene preparado para quienes lo aman».

Pero fue a nosotros a quienes Dios reveló esas cosas por medio de su Espíritu. Pues su Espíritu investiga todo a fondo y nos muestra los secretos profundos de Dios. Nadie puede conocer los pensamientos de una persona excepto el propio espíritu de esa persona y nadie puede conocer los pensamientos de Dios excepto el propio Espíritu de Dios.

1 CORINTIOS 2:9-11

A menudo, estos versículos se citan como una alusión al mismísimo cielo, pero eso no es lo que presupone el contexto. Es una referencia a la tierra desde el cielo porque Pablo escribe: «Pero fue a nosotros a quien Dios reveló esas cosas». Por consiguiente, Dios tiene una conexión con el receptor que está en su alma para darle una imagen de su vida que aparecerá en la pantalla de su mente. Esta imagen es para guiarlo y dirigirlo en cuanto a cómo debe vivir.

Y así como sabe ingresar en la barra de búsqueda de su computadora o de su teléfono y tipear un tema a investigar, las Escrituras nos dicen que el Espíritu Santo investiga todas las cosas como nuestra fuente de lo que sea que necesitemos saber de Dios. El motor de búsqueda del Espíritu Santo le permite acceder a cualquier contenido que busque cuando se conecta con él. De hecho, el Espíritu incluso conoce los «pensamientos» y los «secretos profundos» de Dios. Él puede ahondar en todo lo que usted desee saber sobre Dios y compartirlo con usted de una manera que pueda comprenderlo.

Otro asunto interesante sobre este motor de búsqueda es que viene de Dios, quien sabe todo de todas las cosas. El motor de búsqueda de Google tiene que ser continuamente actualizado y deben introducirse nuevos algoritmos. En cambio, Dios nunca tiene que actualizarse porque toda la información ya fue previamente conocida por Dios, Autor de todo.

La tarea del Espíritu Santo es brindarle la información que usted necesita para la vida, y su trabajo es mantenerse conectado a él. Pablo continua diciéndonos en 1 Corintios 2:12: «Y nosotros hemos recibido el Espíritu de Dios (no el espíritu del mundo), de manera que podemos conocer las cosas maravillosas que Dios nos ha regalado». Mediante este pasaje, Pablo procura esclarecer cómo es el sistema al cual usted se conecta.

Por ejemplo, si usted tiene DIRECTV, no tiene la antena de otra empresa. Tiene el receptor que va con la señal satelital de DIRECTV. O, si tiene la antena de otra empresa, no tiene el receptor de DIRECTV en su casa. No puede usar el receptor de una empresa con el satélite de otra empresa. De hecho, las diferentes empresas son competidoras, así que le imposibilitan a usted acceder a su señal con otro receptor.

Lo que Pablo explica en el versículo que leímos recién es que hay un sistema de este mundo y hay un sistema de Dios. El receptor que le fue entregado cuando fue salvo es de Dios. No obstante, en la vida cristiana aparecen los problemas cuando procura vivirla desde el viejo sistema (la naturaleza de la carne), en lugar de hacerlo con el nuevo sistema del Espíritu Santo. Muchas personas van a la iglesia o escuchan un sermón en la radio o en Internet, leen un libro o pasan tiempo en la Palabra para conectarse con el receptor de Dios el domingo, pero luego salen al mundo el lunes y, en su lugar, se conectan con el sistema del mundo. ¡Y se preguntan por qué a menudo están confundidos y la imagen de su vida es borrosa! Les falta claridad sobre su vida porque no tienen claro qué sistema están usando: el del mundo o el de Dios.

Si quiere la información del cielo, no puede sintonizar con el sistema de la tierra. Cuando está en sintonía con el sistema de la tierra, la información que recibe es del mundo. Pero si quiere conectarse con esas cosas que «ningún ojo ha visto, ningún oído ha escuchado, ninguna mente ha imaginado» (1 Corintios 2:9), debe sintonizar con la red celestial de transmisión de Dios.

La velocidad crucero del cristiano

Muchos tenemos velocidad crucero en nuestro auto. Apretamos un botón o dos, y el auto toma el mando de la velocidad. Salvo que suceda algo que nos obligue a pisar el freno, a menudo es satisfactorio andar a velocidad crucero. Si bien esa manera de conducir puede estar bien para un auto, es inaceptable vivir la vida cristiana de ese modo. Si su vida espiritual está en modo de velocidad crucero, significa que usted ha levantado el pie del acelerador. Le puedo asegurar que los cristianos que andan a velocidad crucero nunca experimentarán el nivel de realidad que Dios tiene planeado para ellos.

Es demasiado fácil caer en esto. Ponemos en marcha el auto el domingo cuando vamos a la iglesia y, luego, cuando salimos del estacionamiento, cambiamos a una especie de velocidad crucero espiritual. Así, dejamos que la vida cristiana siga andando, hasta que volvemos a la iglesia el domingo siguiente y reiniciamos la velocidad crucero por otra semana. Y después nos preguntamos por qué no experimentamos la realidad poderosa de Dios en nuestra vida.

De hecho, es posible que usted esté en velocidad crucero *en este momento*. Mi objetivo, para el tiempo que pasemos juntos analizando qué significa vivir con la claridad del reino, es hacerle pisar el freno. Quiero sacarlo de la velocidad crucero por un momento para que empiece a manejar con propósito. Quiero que entienda y empiece a experimentar cómo Dios puede conducirlo en las diversas dimensiones de su vida.

En 1 Crónicas 14:2 leemos: «Entonces David se dio cuenta de que el Señor lo había confirmado como rey de Israel y que había bendecido su reino en abundancia por amor a su pueblo Israel». David había sido magníficamente bendecido. Fue como si Dios hubiera elegido a un pastorcito adolescente y lo hubiera sacado de una letrina para llevarlo a la Casa Blanca. Pero durante este tiempo de bendición, David se topó con un problema: «Cuando los filisteos se enteraron de que David había sido ungido rey de todo Israel, movilizaron todas sus fuerzas para capturarlo; pero le avisaron a David que venían, así que salió a su encuentro» (1 Crónicas 14:8).

¿Acaso no es así como son las cosas en la vida? Tan pronto usted recibe una bendición, parece que algo sale mal. Ya sabemos cómo funciona, ¿no? Alabamos a Dios por lo que hizo a la mañana, ¡y a la tarde tenemos que ajustar cuentas con los filisteos! La Biblia dice que David se dio cuenta de que Dios lo había levantado; luego, se da vuelta y el enemigo está persiguiéndolo.

Pero David está decidido a que sus enemigos no se salgan con la suya. Aquí es donde la situación se pone bastante interesante. En 1 Crónicas 14:10 dice: «Entonces David le preguntó a Dios: "¿Debo salir a pelear contra los filisteos? ¿Los entregarás en mis manos?" El Señor le contestó: "Sí, adelante. Te los entregaré"».

El enemigo había venido para arruinarle las cosas a David en medio de su bendición. Sabemos que la primera reacción de David es decir: «Voy a salir a enfrentarlos» (ver versículo 8). Pero David no había hablado de esto con Dios. Al principio, David se maneja desde la carne. Ha determinado que puede manejar este problema con su capacidad humana. Sin embargo, sobre la marcha, David reconoce que buscar a Dios no fue parte del proceso de la decisión, entonces David toma cartas en el asunto; no continúa a velocidad crucero. Las Escrituras dicen que «le preguntó a Dios» (versículo 10). Usted y yo diríamos «oró».

Permítame explicar algo: Dios ha cableado la red de su pueblo para que funcione por medio de la oración. Su casa fue cableada para que tuviera electricidad. Hay una empresa de electricidad que provee energía eléctrica a su hogar. Hay una empresa que provee la energía y hay una instalación eléctrica para recibirla. Pero, a pesar de que hay un suministro de energía y un cableado en su casa, las luces de su casa no se encenderán a menos que usted establezca el contacto entre ambos: tiene que apretar el interruptor.

Para que las luces funcionen, tiene que haber un punto de contacto entre la energía y los cables, y usted es el responsable de crear ese punto de contacto. La empresa de electricidad no irá a su casa a encender las luces. Si usted no hace el contacto, la energía que está ahí nunca podrá manifestarse. No porque no sea capaz, sino porque el punto de contacto nunca fue activado.

El punto de contacto de Dios con nosotros es la oración. ¡El poder está ahí! David tiene un punto de contacto cuando le pregunta al Señor. La oración es suscitar en la historia lo que Dios ha determinado en la eternidad.

David empieza con una pregunta. Le dice al Señor: «¿Debo salir a pelear contra los filisteos?» (1 Crónicas 14:10). Es una pregunta rara porque en los versículos previos vimos que David ya estaba en camino a enfrentar a sus enemigos.

Pero ahora pregunta: «Dios, ¿debo seguir haciendo esto? *Mi plan* es hacerlo. *Pienso* que debería hacerlo. Creo que puedo hacerlo, pero ¿lo que estoy haciendo es lo que tú quieres que haga? ¿Debo ir a enfrentarlos?». Básicamente, David está diciendo: «Tengo este problema con *este* pueblo. Estoy yendo en *esta* dirección. Dime si debo seguir adelante, porque no quiero ir allá y ponerme en ridículo».

David hace dos cosas importantes: hace una pregunta específica y la hace antes de actuar.

Muchos cristianos se sienten frustrados en su vida de oración. La simple razón por la cual, a veces, sentimos como si nuestras oraciones chocaran contra el cielorraso es que suelen ser tan generales que en realidad no decimos nada. Otra razón por la cual es posible que no veamos los resultados de nuestra vida de oración es porque no invitamos a Dios de entrada. Queremos introducir el cielo a posteriori, pero no es así como funciona la cosa.

Es por eso que en la Biblia se menciona tanto la palabra *primero*. Ame al Señor su Dios y busque *primero* su reino y su justicia (Mateo 6:33; 22:37) para que Jesús sea el *primogénito* (Colosenses 1:18). Dele a Dios los *primeros* frutos (Proverbios 3:9). Dios no quiere ser una idea adicional. Él quiere ser Dios.

David le pregunta al Señor porque sabe que Dios conoce más a nuestros enemigos que nosotros. Nosotros somos finitos, lo cual significa que somos limitados. Dios es infinito. Infinito significa ilimitado. Nosotros sabemos qué es y podemos recordar qué era. Dios sabe qué era, qué es y qué será y, también, qué podría haber sido.

Dios es el Único que puede responder la pregunta *¿Qué pasaría si?* David le preguntó a Dios porque sabía que Dios tenía más información que él. Dios le respondió y dijo: «Sí, adelante. Te los entregaré» (1 Crónicas 14:10).

David hizo una pregunta y Dios no solo la contestó; le dijo a David cuál iba a ser el resultado. Cuando usted recibe información como esa, puede avanzar con seguridad. No va adivinando.

En el Nuevo Testamento vemos que Jesucristo no da un paso sin consultarlo antes con su Padre. Si el Hijo de Dios (que es Dios) tenía que consultar con su Padre antes de avanzar, ¿cuánto más usted y yo, quienes no somos Dios, necesitamos consultarle a Dios antes de dar un paso en cualquier dirección? Jesús le preguntaba primero a Dios. La mayoría de los cristianos no hacemos eso. Decimos oraciones en general, pero no invitamos a Dios a que intervenga en momentos específicos.

Ahora bien, sé qué estará pensando usted: la historia de David está en el Antiguo Testamento. En el Antiguo Testamento, Dios le hablaba al pueblo. Ellos podían escuchar la voz de Dios con claridad.

Si bien es cierto que en el Antiguo Testamento Dios, a veces, sí se comunicaba verbalmente con su pueblo, él sigue hablándole hoy a su pueblo mediante el receptor del Espíritu Santo, quien usted y yo hemos recibido. En el Antiguo Testamento, Dios el Padre habla. En los Evangelios, Jesús habla. Cuando Jesús resucitó y se fue al cielo, dejó al Espíritu Santo para hablarnos.

El Espíritu Santo mora en cada creyente. Él es el cableado del cual hablamos antes. El Espíritu Santo se une a su espíritu humano cuando usted se convierte. Su espíritu humano se encuentra en su alma, la cual a su vez está alojada en su cuerpo. El Espíritu Santo le habla al alma, y el alma se lo comunica al cuerpo.

Por esta razón, la Biblia dice que usted debe transformarse renovando su mente (Romanos 12:2). Su mente es para su alma lo que su cerebro es para su cuerpo. Dios nos habla produciendo un cambio en nuestro pensamiento y puede usar muchos medios para hacerlo. Puede hacer que una persona le hable. Tal vez use una canción que usted escuchó en la radio. Puede usar un servicio religioso. Dios puede hablar desde afuera, pero siempre lo confirmará en el interior con el Espíritu Santo.

Sin embargo, debido a que Dios le responde a través de la voz que está en su alma, y no con un grito desde afuera, si usted no sabe cómo escuchar al Espíritu Santo, se perderá el mensaje. Dios podría estar diciendo: «Gira a la izquierda. Ve allá; no vayas allí. Haz esto. Haz aquello», pero usted no escucha una palabra porque está en modo velocidad crucero. Hay una gran distancia entre usted y Él. A menos que tenga una relación con Dios (el Espíritu Santo en usted), no lo escuchará hablar.

Cuando aprendemos a aislarnos del ruido que nos rodea y a serenar nuestra mente, es asombroso cuán real se vuelve Dios en nuestra vida. Volvamos a 1 Crónicas y veamos qué sucedió después de que David recibiera la respuesta de Dios.

David derrota a los filisteos y dice: «¡Dios lo hizo! —exclamó David—. ¡Me utilizó para irrumpir en medio de mis enemigos como una violenta inundación!» (1 Crónicas 14:11). Él dice que Dios ha «irrumpido». La palabra utilizada en ese pasaje tiene un significado similar a nuestra palabra *repentinamente*. En este contexto, *irrumpir* significa «salió de la nada». De la nada, Dios apareció y dio vuelta la situación.

¿Por qué Dios salió de la nada? Porque David fue específico en su petición y Dios respondió. Como consecuencia de la victoria de David, la Biblia dice que los filisteos abandonaron a sus dioses (1 Crónicas 14:12). Era una cuestión espiritual. Los filisteos avanzaban: ese era el problema físico. Pero adivine qué: llevaban consigo a sus dioses.

Si usted no entiende las cuestiones espirituales que subyacen bajo los problemas físicos que enfrenta, no entenderá qué hay detrás del ataque hacia usted. Lo único que hará será reaccionar a lo que está atacándolo (a la persona, el lugar, el objeto, la situación), pero no reaccionará a los dioses que vienen con ellos.

Si usted no entiende las cuestiones espirituales que subyacen bajo los problemas físicos que enfrenta, no entenderá qué hay detrás del ataque hacia usted. Lo único que hará será reaccionar a lo que está atacándolo (a la persona, el lugar, el objeto, la situación, el escenario), pero no reaccionará a los dioses que vienen con ellos.

David le ha preguntado a Dios, ha escuchado su respuesta y derrotado a sus enemigos humanos y espirituales. Sin embargo, ¿recuerda lo que hablamos sobre los problemas que siempre aparecen de repente, justo cuando estamos ocupados recibiendo una bendición? Bueno, en el versículo 13 vemos que: «los filisteos volvieron y de nuevo hicieron una incursión en el valle».

Si usted está en velocidad crucero, es fácil pensar que, porque fue a la iglesia el domingo, nada debería salir mal a lo largo de toda la semana. Pulsó el botón para programar la velocidad crucero. Pero usted y yo sabemos que la vida no funciona de esa manera. Los problemas no solo seguirán surgiendo; es posible que sean los mismos problemas que usted creía haber resuelto. Así es como operan sus enemigos. Volverán una y otra vez.

En el versículo 14 leemos: «Una vez más David le preguntó a Dios». Esto es importante: David no usa las oraciones de ayer para el desafío de hoy. La respuesta de Dios a la segunda oración de David resalta por qué esto es tan crucial:

> No los ataques de frente —le contestó Dios—. En cambio, rodéalos y, cerca de los álamos, atácalos por la retaguardia. Cuando oigas un sonido como de pies que marchan en las copas de los álamos, ¡entonces sal a atacar! Esa será la señal de que Dios va delante de ti para herir de muerte al ejército filisteo.
>
> 1 CRÓNICAS 14:14-15

La primera vez, Dios dijo: «Adelante. Te los entregaré». La segunda vez, Dios dijo: «Ahora no». Si no está en contacto con Dios (si no lo escucha hablar a través del Espíritu Santo), no sabrá cuándo él cambia de estrategias. Pensará que la solución del pasado funcionará hoy.

Observe cuán específico es Dios cuando le responde a David. Le proporciona una estrategia muy específica. No hay nada impreciso en ella. La historia de David nos enseña que Dios será tan específico como usted sea con él.

En el fútbol americano, hay un reglamento estándar que todo el mundo sigue. Además del reglamento general, cada equipo tiene su propio cuaderno de jugadas. El cuaderno de jugadas siempre es consecuente con el reglamento, pero cambia constantemente porque la metodología cambia según el equipo con el que usted esté jugando.

La Palabra de Dios es su reglamento y el Espíritu Santo es su cuaderno de jugadas. El Espíritu Santo nunca contradice a la Palabra (siempre sigue el reglamento), y le presentará una jugada única para cada situación en virtud de quién es usted o contra qué está peleando.

Dios tiene un cuaderno de jugadas distinto para todo el mundo. Esa es la razón por la cual usted no puede depender solo de qué harían sus amigos en su situación. Quizás, Dios tenga una jugada distinta para usted de la que tiene para sus amigos. Está bien escuchar a sus amigos, pero luego fíjese si el Espíritu Santo confirma en su alma lo que ellos dicen. Si él no lo ratifica en su alma, quiere decir que la jugada no es para usted.

Una de las mayores tragedias actuales es que muchos cristianos se conforman con el reglamento. Nunca reciben una orden específica. No se conforme con un reglamento cuando tiene al Espíritu Santo dentro de usted. El Espíritu Santo quiere gobernar y guiar su vida basándose en el reglamento *y* en el cuaderno de jugadas de la Palabra de Dios.

Cuando David acudió a Dios para que lo guiara contra los filisteos y sus dioses, leemos que Dios «irrumpió». Si usted está esperando que Dios irrumpa en su vida, si quiere ver que el cielo desciende a la tierra, necesita tener más peso espiritual. Si aumenta su peso celestial, entonces la Biblia nos dice que el cielo se derramará aquí. Pero eso significa que debe desconectar la velocidad crucero y empezar a conectarse con Dios mediante la oración y mediante su Palabra revelada en las Escrituras.

Alguien me preguntó una vez: «¿Cómo puede orar sin cesar?». La verdad es que puede orar sin cesar porque los problemas no cesan. Y, como hemos visto, las oraciones de ayer no le darán la respuesta a los problemas del día de hoy.

La unción

Podría decir que hay dos grupos de conductores: los que tienen sistemas de navegación y los que no. Si Dios es el sistema de navegación en la vida cristiana, podemos pensar en dos grupos de conductores: los que son salvos y los que no lo son. Pero yo creo que hay un tercer grupo: los conductores que tienen el sistema de navegación, pero no lo usan. Son los cristianos que poseen el GPS interno, el cual recibieron cuando fueron salvos, y no lo están aprovechando.

Dios le ha dado a cada creyente un sistema personalizado de navegación para guiarnos en la vida. Este sistema tiene un nombre específico: la unción. La unción es un sistema de orientación sobrenatural puesto dentro de nosotros que nos guía en la dirección que Dios ha planeado para nosotros. Vamos a bucear en 1 Juan 2 y, para cuando terminemos con este capítulo, usted sabrá cómo utilizar este sistema de guía interior que todo cristiano posee.

Comencemos con 1 Juan 2:20, NVI: «Todos ustedes, en cambio, han recibido unción del Santo, de manera que conocen la verdad». Enseguida se nos dice que todo cristiano posee una. Juan continúa: «En cuanto a ustedes, la unción que de él recibieron permanece en ustedes» (versículo 27, NVI). Esta unción permanece en los creyentes; está integrada al vehículo.

Cuando Juan habla de la unción, enumera las tareas del Espíritu Santo y su dirección en la vida del creyente. El tercer miembro de la Trinidad, el Espíritu Santo, tiene muchos trabajos. Pero uno de sus roles principales es ser nuestro GPS, aplicar la verdad espiritual basada en la Palabra inherente de Dios a las realidades de la vida. Juan nos dice cómo activar lo que ya tenemos morando en nuestra alma:

No les escribo porque ignoren la verdad, sino porque la
conocen y porque ninguna mentira procede de la verdad.
¿Quién es el mentiroso? Es el que niega que Jesús es el Cristo.
Tal persona es el anticristo, la que niega al Padre y al Hijo.
Todo el que niega al Hijo no tiene al Padre; el que confiese al
Hijo tiene también al Padre.

1 JUAN 2:21-23, NVI

El interruptor se enciende mediante la confesión del Hijo. Confesar al Hijo le da a usted acceso al Padre. La palabra griega para «confesar» significa «decir la misma cosa» o «estar plenamente de acuerdo con». Para activar su unción, debe estar dispuesto a ser identificado con Jesucristo y a hablar de él como el Padre habla sobre él.

Juan dice que quien confiesa al Hijo tiene al Padre. El que niega al Hijo no tiene al Padre (ver también Mateo 10:32-33). Es tarea del Espíritu Santo guiarlo a usted según su disposición a ser identificado con el segundo miembro de la Trinidad, no solo en su creencia en Dios.

Es importante creer en Dios, pero si no confiesa a Cristo, el Espíritu Santo no activa su unción. Su GPS espiritual no se enciende; no tiene acceso al receptor de la red de transmisión celestial. La unción viene cuando Cristo es glorificado, no solo cuando se cree en Dios. Toda nuestra vida tiene el propósito de ser la confesión, o el reconocimiento, de Jesucristo.

En otras palabras, Jesús tiene que reinar en su vida. Debe ser el Señor y el Salvador, no solo el Salvador. Es la identificación con Jesucristo como Señor lo que enciende el interruptor de la actividad del Espíritu Santo en su vida.

Si no presta atención a su propio sistema de navegación, se valdrá del GPS de otro. Confiará en el consejo de aquellos que no saben a dónde van, de personas que quizás no estén yendo hacia el mismo destino que Dios tiene en mente para usted. Y si a esa persona no le funciona correctamente el GPS, ambos se perderán. Es más, las instrucciones específicas que Dios tiene para usted pueden no ser las mismas hoy que las de ayer. Recuerde que en momentos distintos, Dios le dio a David respuestas diferentes para el mismo problema.

Primera Juan 2:20 dice que la unción del Espíritu Santo sucede para que conozcamos. Todos somos ungidos «y todos ustedes *conocen* la verdad» (énfasis añadido). Como vimos antes en 1 Corintios 2:12, recibimos el Espíritu «de manera que podemos *conocer* las cosas maravillosas que Dios nos ha regalado» (énfasis añadido). La Biblia es clara: el trabajo del Espíritu Santo es ungirlo y activarlo para que usted pueda conocer qué quiere Dios de usted. El objetivo del Espíritu Santo es hacer que la voluntad, la guía y la realidad sean experienciales en su vida. Su trabajo es hacer realidad el plan de Dios para usted.

En 2 Reyes 6, Eliseo se preparaba para enfrentar a un ejército enemigo. El sirviente de Eliseo estaba aterrado. Eliseo intenta calmar sus miedos, pero el sirviente está frenético: Ve que el ejército enemigo viene por ellos. Eliseo dice: «Oh Señor, ¡abre los ojos de este joven para que vea!» (2 Reyes 6:17). La Biblia dice que Dios abrió los ojos del sirviente, y el sirviente vio que «la montaña alrededor de Eliseo estaba llena de caballos y carros de fuego». ¡Era un ejército de ángeles!

Eliseo tenía la unción, por lo tanto, podía ver cosas que el sirviente no veía. La unción lo ayuda a ver con ojos espirituales para que usted sepa cómo reaccionar en las circunstancias de la vida.

Permanecer en Dios

Como cristianos que han confesado a Cristo, todos tenemos este GPS personal que está listo para mostrarnos con exactitud qué quiere Dios de nosotros. La pregunta es: *¿Cómo hago funcionar esta cosa?* Tenga en cuenta la palabra que Juan repite una y otra vez: *permanecer*. Ya nos ha dicho que activamos la unción al identificarnos con Cristo. Pero luego dice:

> Permanezca en ustedes lo que han oído desde el principio, y así ustedes permanecerán también en el Hijo y en el Padre.
>
> I JUAN 2:24, NVI

En cuanto a ustedes, la unción que de él recibieron permanece en ustedes y no necesitan que nadie les enseñe. Esa unción

es verdadera —no es falsa— y les enseña todas las cosas.
Permanezcan en él tal y como él les enseñó. Y ahora, queridos
hijos, permanezcan en él.

I JUAN 2:27-28, NVI

La forma de apretar el acelerador en su vida espiritual es *permanecer*.
La palabra griega para permanecer es *mino*. Significa «quedarse» o, como
podríamos decir, «pasar el rato». Juan nos dice que pasemos tiempo con
el Hijo y con el Padre. En el versículo 27, continúa: «la unción que de él
recibieron permanece en ustedes, y no necesitan que nadie les enseñe».

Esa es una frase interesante; Juan dice que si tiene la unción, no necesita que nadie le enseñe. Ahora bien, recuerde que Juan mismo escribe
estas palabras para enseñar a otros. Él enseña, y al mismo tiempo dice
que no necesitará que nadie le enseñe. Quizás esto le parezca contra-
dictorio, pero lo que Juan dice es que una vez que usted tenga la unción,
ya no necesitará la sabiduría de los hombres que rechazan a Dios. Si
tiene un GPS en su auto, no necesita llamar a alguien que no tiene uno
para averiguar cómo llegar a donde va. Ya tiene una opción que conoce
las contingencias.

Como hay tantos cristianos que no aceptan este principio, su sistema
de orientación no funciona. Tienen que vivir sin el beneficio de la guía
personal y específica del Espíritu Santo de Dios.

La buena noticia es que Juan nos dijo qué es lo que necesitamos
para fusionar nuestro reglamento con el cuaderno de jugadas: Debemos
permanecer. Permanecer neuralmente ligados a Dios para no introducir
sabiduría humana falible que enturbiará la conexión. Confesar a Cristo
como nuestra manera de vivir. Recurrir a las Escrituras y al Espíritu
Santo para buscar orientación.

Una vez tuve un problema con el sistema de riego del césped de mi
casa. El sistema de aspersión no funcionaba, así que llamé a la empresa

para pedir que alguien del servicio de reparación viniera. Cuando el técnico llegó, le dije: «No tengo energía eléctrica; el sistema no anda».

El hombre lo revisó; luego, vino y me dijo: «Ya encontré el problema. La electricidad está bien. La conexión no está en su lugar y el desacoplador interrumpió la energía eléctrica para que no llegue al sistema de aspersión». El problema no era que no había suficiente energía eléctrica; el problema era que a la conexión le faltaba mantenimiento.

Si usted, como creyente, no está viendo la mano de Dios en su vida, su problema (como sucedía con la electricidad para mis aspersores) no tiene que ver con el poder (la energía eléctrica). Tiene un problema con la permanencia. Uno de mis versículos favoritos de Juan está en Juan 15:7: «Si ustedes permanecen en mí y mis palabras permanecen en ustedes, pueden pedir lo que quieran, ¡y les será concedido!». Este versículo deja en claro que la manera de lograr que sus oraciones sean contestadas es mediante la conexión. El Espíritu Santo solo hará lo que Jesús esté de acuerdo en hacer. Jesús solo hará lo que el Padre esté de acuerdo en hacer. Si usted quiere algo del Padre, el Hijo tiene que estar de acuerdo con ello, el Espíritu Santo tiene que estar de acuerdo con el Hijo, y luego usted tiene que estar de acuerdo con el Espíritu Santo. Pero si usted no permanece, entonces, ni siquiera sabe en qué están de acuerdo ellos.

Como predicador, una pregunta que suelen hacerme mucho es cómo discernir entre la guía del Espíritu Santo y la de la carne o, incluso, de un engaño de Satanás. Es una pregunta excelente y un asunto con el que todos debemos lidiar a menudo. Al fin y al cabo, fue Satanás quien engañó a Eva en el Edén y, como el amo del engaño, procura hacer lo mismo con nosotros.

Hay algunas palabras clave a las que recurro cuando explico cómo el mando de Dios se anuncia en nuestra vida. Dichas palabras son *revelación*, *iluminación*, *confirmación*, *aplicación* y *transformación*. Las examinaremos de a una por vez, pero nos dirigimos hacia el entendimiento de que la revelación de Dios viene acompañada de la iluminación y es convalidada por la confirmación, para que usted pueda aplicarla. Todas ellas se combinan para transformarlo en lo que Pablo escribe en Romanos 12:2, más cercano a la manera de pensar de Cristo. Se necesitan estos elementos para generar el discernimiento de la voluntad y la guía de Dios, a medida que aprovecha la comunicación del Espíritu Santo que está dentro de usted. Analicemos cada elemento y veamos qué significa.

Comenzamos con la *revelación*. La revelación es lo que Dios da a conocer, y viene en dos formas. Primero, hay una revelación general que Dios deja ver en la naturaleza. Los científicos estudian la revelación general, a pesar de que algunos no la reconozcan como tal. Por ejemplo, las Escrituras nos dicen que «Los cielos proclaman la gloria de Dios» y que «por medio de todo lo que Dios hizo, ellos pueden ver a simple vista las cualidades invisibles de Dios» (Romanos 1:20). Pero también existe la revelación especial. Esta no se limita a la creación que apunta al Creador. También encontramos la revelación especial en la Palabra inspirada por Dios. La verdad nos ha sido revelada a través de las Escrituras.

Cada pregunta que usted haga tiene dos respuestas: la respuesta de Dios y la del resto de la gente. Cuando tiene una pregunta, siempre puede dar por sentado que la revelación de la Palabra de Dios es ciento por ciento certera. Pero ¿qué pasa si la revelación que encuentra en las Escrituras no es específica para su situación individual? Esto nos lleva a nuestro próximo elemento.

Iluminación significa hacer que algo sea visible. La iluminación tiene el propósito de que usted entienda y vea la manifestación de lo que fue dicho. La Biblia le cuenta lo que fue dicho, y el Espíritu Santo toma lo dicho y crea una imagen en su mente, un pensamiento o un deseo de cómo esa revelación debe ser entendida y aplicada en su situación específica. Usted lee y estudia la revelación, y el Espíritu Santo ilumina esa revelación para que usted pueda ver su significado y su relevancia.

El apóstol Pablo habla específicamente del rol iluminador del

Espíritu Santo. Nos dice cómo el Espíritu nos da libremente las ideas de Dios para que podamos conocerlo más claramente a él y a su voluntad (1 Corintios 2:10-13). Cuando la revelación de Dios se personaliza dentro de usted es cuando comienza a entender. Dios trae pensamientos a su mente. Genera deseos en su corazón. Crea algo en el interior, porque recuerde que la unción permanece en usted. Dios se mueve dentro de usted para guiarlo en una dirección particular.

Si empieza con la revelación y tiene encendido el sistema de orientación, comenzará a experimentar la iluminación (o la transformación de la mente). Pero la gran pregunta, la cual todos nos hacemos, es: «¿Cómo sé con seguridad que esta revelación en realidad fue de Dios y no algo que yo inventé?».

Es el momento de analizar nuestra tercera palabra: *confirmación*. Las Escrituras enseñan que, mediante dos o tres testigos, un asunto es confirmado (Deuteronomio 19:15; Mateo 18:16; 2 Corintios 13:1). La confirmación se produce cuando Dios hace algo fuera de usted que se conecta con lo que dice en su interior. En otras palabras, él hace algo por completo fuera de su control que valida su iluminación. Una vez que el Espíritu Santo toma la revelación (lo que usted lee) y le da una iluminación específica, es hora de buscar su confirmación.

La confirmación puede adoptar un millón de formas distintas. Dios puede usar a una persona. Puede usar una situación o una canción. Puede usar algo tan simple como un comentario. Puede usar cualquier cosa que valide y verifique la iluminación que usted recibió a través de la revelación.

Una vez que el Espíritu Santo confirma su iluminación, es el momento de que usted actúe. Es hora de que concrete la *aplicación* de la revelación que fue iluminada y para la cual recibió confirmación. Veamos como todo esto (la revelación, la iluminación, la confirmación y la aplicación) pueden funcionar en la vida real.

Una joven piensa que puede estar embarazada. Entonces, va a la farmacia y compra una prueba de embarazo. Lee las instrucciones que le dicen cómo usar el kit. Luego, usa la prueba y el resultado indica que está embarazada.

La prueba le revela el embarazo. Ella ha tenido una revelación. A continuación, va al médico. La enfermera le hace una ecografía. La ecografía ilumina lo que ya le fue revelado.

Toda madre sabe que saber que está embarazada es muy diferente de ver al bebé en su vientre. La ecografía ha sido una iluminación poderosa de su revelación. La enfermera confirma lo que reveló la prueba de embarazo y lo que iluminó la ecografía. La enfermera, quien ha confirmado todas las señales, es una persona completamente distinta de la joven. Finalmente, la mujer tiene la oportunidad de concretar la aplicación y prepararse para traer a su hijo al mundo.

Usted y yo tomamos decisiones todos los días. Cuando empiece a usar la revelación como información para poner en práctica (aplicación), puede apostar a que comenzará a experimentar una *transformación* espiritual. El proceso comienza cuando usted se conecta con Dios por medio de la oración. Escucha las respuestas a través del Espíritu Santo y mantiene su conexión con él mediante su permanencia.

Una vez que Dios le demuestre que él puede hablarle, conducirlo, guiarlo, dirigirlo y gobernarlo, usted nunca volverá a ser un cristiano en velocidad crucero. Cuando pase por la experiencia de que Dios conduzca su vida de manera directa y específica, se aferrará con firmeza a ese sistema de guía personal.

La mejor noticia es que si usted ha aceptado a Jesucristo, ya tiene la unción. El cableado está en su lugar y su GPS personalizado funciona. Es hora de empezar a permanecer (acercarse a él) para que pueda comenzar a vivir desde la posición ventajosa de la perspectiva que tiene información del cielo.

8

MÁS QUE UN SENTIMIENTO

Si usted mira docudramas o cualquier programa de detectives, de seguro se ha encontrado con uno o más testimonios sobre relaciones amorosas que terminaron mal. Lo que comenzó como una atracción y un coqueteo inocente se convirtió en un desastre de proporciones épicas. Algunas historias involucran fraude, robo e, incluso, muerte. Cuando mira programas como estos, se da cuenta de cuán fácil podría haber sido que estas personas hubieran salido de la relación tóxica al comienzo de la misma. Con el diario del lunes, es fácil darse cuenta y, por supuesto, los espectadores tienen la ventaja adicional de no solo ver lo pasado, sino de ser precavidos gracias al presagio. Ver que estas relaciones, al parecer amorosas, se convierten en situaciones de maltrato, de manipulación psicológica, etcétera, es revelador.

Si bien las historias que terminan en documentales o en películas son los típicos ejemplos extremos, la mayoría podemos identificar vínculos en nuestra propia vida, en los cuales las decisiones que tomamos, a la larga, marcaron el inicio de la destrucción. Pudo haber sido con una persona, un deseo, un sueño, una pasión, una actividad, un videojuego, un pasatiempo, una teoría conspirativa, etcétera. Cuando empezamos, el vínculo parecía bastante inocente. Pero, a medida que fue pasando el tiempo, demostró ser destructivo para nuestras emociones, nuestra atención, nuestra economía, para otras relaciones, etcétera.

En su Palabra, Dios habla sobre estas atracciones fatales. Se expresa con claridad sobre estos vínculos que son costosos para nuestra vida espiritual. De hecho, tan vehemente es él en cuanto a que los evitemos que, en 1 Juan 2 Dios nos habla sobre un amor que él odia. Es un amor que queda excluido de su bendición y su favor. Es el amor a este mundo. Este amor, cuando lo albergamos, levanta una barrera entre la presencia de Dios y nuestra experiencia de esa presencia, lo cual resulta en un enorme desastre. En este amor al mundo están enroscadas sus propias ramificaciones y consecuencias, las cuales tienen como objetivo destruir nuestra vida.

Muchos cristianos quieren saber por qué Dios parece tan lejano. Se preguntan por qué (a pesar de todas sus actividades y búsquedas religiosas) parece que no pueden acercarse a él. Preguntan por qué, al parecer, no escucha sus oraciones. Yo quisiera sugerir que una de las razones radica en esta atracción fatal mundana; este amor fatal.

Es en el amor al mundo que todo el infierno tiene la libertad para desatarse en nuestra vida. Cuando nos enfocamos en lo que ofrece el mundo, dejamos de prestarle atención a lo que más importa. Y al dejarnos cortejar por este vínculo en particular, detenemos tanto el favor como las bendiciones de Dios.

Esta verdad es tan crucial que Dios nos instruye explícitamente en contra de ello:

> No amen a este mundo ni las cosas que les ofrece, porque cuando aman al mundo no tienen el amor del Padre en ustedes. Pues el mundo solo ofrece un intenso deseo por el placer físico, un deseo insaciable por todo lo que vemos, y el orgullo de nuestros logros y posesiones. Nada de eso proviene del Padre, sino que viene del mundo; y este mundo se acaba

junto con todo lo que la gente tanto desea; pero el que hace lo
que a Dios le agrada vivirá para siempre.

1 JUAN 2:15-17

De lo que acabamos de leer, está claro que no debemos amar al
mundo ni a las cosas de este mundo. Pero ¿qué son las cosas de este
mundo y cómo las definimos? La palabra griega para «mundo» también
puede expresarse como «cosmos». Cuando hablamos del cosmos físico,
estamos hablando de la tierra. De hecho, *el mundo* puede referirse a una
gran cantidad de cosas.

Por ejemplo, si le hablo del mundo financiero, usted sabe que estoy
incluyendo a los bancos, las cooperativas de crédito, Wall Street y cosas
por el estilo. O si le hablo sobre el mundo de la política, incluiría a la
Casa Blanca, los partidos políticos, las leyes, las formas de gobierno,
etcétera. El mundo de los deportes involucra diversos eventos, partidos, equipos, etcétera. El mundo de la moda consiste en el distrito de
la moda, los diseñadores, las pasarelas y muchos otros elementos. Los
distintos aspectos que rodean al tema se alinean y se conectan con él.

En el contexto de estas instrucciones dadas en 1 Juan, Dios está
hablándonos sobre el cosmos espiritual. No habla sobre un lugar físico,
sino de una realidad espiritual que se ubica en el lugar físico al que
llamamos el mundo.

Por lo tanto, cuando Dios habla de no amar al «mundo», no habla
solo de una cosa. Se refiere a una infinidad de cuestiones relacionadas
con el núcleo de ese tema en particular. Se refiere a ese sistema organi-
zado y programado, diseñado para alejarlo a usted de Su voluntad y del
gobierno de Su reino.

El mundo puede ser definido como «ese sistema encabezado por
Satanás que excluye a Dios». Como vemos en 1 Juan 5:19: «Sabemos
que somos hijos de Dios y que el mundo que nos rodea está controlado

por el maligno». El mundo está bajo la influencia y el dominio de Satanás. La razón por la cual Dios no quiere que usted ni yo amemos al mundo es porque su enemigo lo maneja. El mundo está operado personalmente por Satanás. El objetivo de Satanás no es que usted solo esté en el mundo, sino que se enamore de él.

Y aunque Dios no está intentando que usted abandone el mundo (él lo puso aquí con un propósito), sí advierte en contra de amarlo. Juan 17:15 dice: «No te pido que los quites del mundo, sino que los protejas del maligno». Este versículo pone al descubierto la súplica de Jesús de quedarnos en este sistema, protegidos por Dios mismo, para que podamos cumplir los propósitos del bien de promover el reino de Dios en la tierra.

La orden de no enamorarnos del mundo no es un llamado a que todos nos retiremos a un monasterio, en algún país remoto. No nos instruye que evitemos al mundo. En cambio, Dios nos indica a los cristianos que vivamos en el mundo sin amar sus modos.

Amar algo es buscar su bien y su máximo desarrollo como prioridad sobre todo lo demás. Es acudir a ello en busca de guía e instrucciones, es buscar su dirección en cuanto a los preceptos de su corazón. Es procurar complacer primero al objeto de nuestro amor, antes que a uno mismo. Amar al mundo no tiene que ver solo con sus emociones o su afecto. Amar al mundo significa que sus decisiones se alinean bajo el sistema de valores de este mundo, ante todo.

Cuando enfrente la decisión de seguir a Dios o de seguir al mundo, su elección reflejará a quién usted ama más. Dios no desea secundar a su archienemigo, el maligno, cuando se trata de sus decisiones. El versículo conocido de Mateo 6:33 lo enuncia con claridad: «Busquen el reino de Dios por encima de todo lo demás y lleven una vida justa, y él les dará todo lo que necesiten». Dios merece ser el primero en sus pensamientos, en sus palabras y en sus actos. Cuando usted le da el primer lugar, él lo guía y lo dirige de acuerdo con su voluntad. Hace que todas las cosas obren para gloria de él, y para su bien (Romanos 8:28).

Romanos 12:2 describe este proceso de crecimiento que Dios desea formar en nosotros y su resultado, cuando habla de la meta de la transformación. Leemos: «No imiten las conductas ni las costumbres de este mundo, más bien dejen que Dios los transforme en personas nuevas al cambiarles la manera de pensar. Entonces aprenderán a conocer la voluntad de Dios para ustedes, la cual es buena, agradable y perfecta». La palabra *imitar* significa ser presionado por algo para adoptar un estilo similar a la cosa misma. Piense en un alfarero que moldea arcilla: usa la presión externa para hacer que esta ceda a la forma que él desea. Imitar al mundo significa ser formado por el mundo y por los valores del mundo. Es buscar el beneficio de los sistemas del mundo por encima de la voluntad de Dios y de los valores del reino. En esencia, amar al mundo significa excluir a Dios y, a la vez, elegir las prioridades de Satanás antes que las de Dios. Usted imita al mundo cuando quita de su interior el amor por Dios. En verdad, no puede abrazar al mismo tiempo el amor al mundo y a Dios. Como vimos previamente en 1 Juan 2:15, «cuando aman al mundo no tienen el amor del Padre en ustedes».

Este es el costo.

Amar al mundo es abandonar el amor por el Padre.

Por favor, observe que aquí no hay excepciones. No importa quién sea usted. Si usted ama al mundo, no ama en verdad a Dios. Ahora bien, de seguro conservará su relación legal con Dios porque esta se basa en la expiación de Jesucristo, pero lo que perderá será la experiencia de la relación con él basada en el amor.

Si nos diéramos cuenta de lo mucho que perdemos por amar al mundo (que se trata de un intercambio y no una adición), creo que muchos de nosotros elegiríamos valorar los caminos del maligno más que los del Señor. Su amor por el mundo le impide desarrollar la atmósfera interior en la cual usted experimenta plenamente la presencia manifiesta de Dios, su cercanía y su voluntad obrando en su vida.

Gálatas 1:3-4 explica cómo Dios ve al mundo: «Que Dios Padre y nuestro Señor Jesucristo les concedan gracia y paz. Tal como Dios nuestro Padre lo planeó, Jesús entregó su vida por nuestros pecados para rescatarnos de este mundo de maldad en el que vivimos». Dios no nos salvó para que nos enamoráramos del mundo. Nos salvó para librarnos del mundo, aunque aún estemos activos en él. Una de las causas de que muchos cristianos no pueden ni quieren quedar expuestos a la presencia manifiesta de Dios y su realidad en su vida es porque también quieren aferrarse al mundo. Pero no puede tenerlos a ambos.

Es como la vieja trampa que los cazadores solían colocar para los monos: ponían un pedazo de comida dentro de un frasco de vidrio. La comida tentaba al mono a meter la mano en el frasco y agarrarlo. Pero el pedazo de comida era lo suficientemente grande como para que, cuando el mono lo tomaba, el tamaño del puño cerrado del mono ahora fuera demasiado grande para sacarlo del frasco. Cuando el mono maniobraba para sacar el puño del frasco, llegaba a la conclusión de que estaba atorado. Al final, el mono se rendía. No se le ocurría la idea de soltar su precioso hallazgo. Si soltaba el premio deseado, el mono podía escapar de la trampa. Pero el mono no podía tener el premio y la libertad al mismo tiempo. Entonces, perdía la libertad por el deseo insaciable de tener su premio.

De manera similar, Satanás pone frente a nosotros un premio brillante, delicioso y atractivo, uno tras otro. No nos explica que, cuando estiremos la mano para agarrarlos, estaremos renunciando a la libertad de vivir la vida abundante que proviene de la presencia del amor de Dios en nosotros. Satanás simplemente presenta los premios de este mundo y nos invita a disfrutarlos. El cambiar de enfoque para disfrutarlos nos costará demasiado.

La amistad con el mundo

Amar al mundo no es solo un sentimiento. Es una decisión sobre dónde pondrá usted su enfoque y a qué elegirá aferrarse y abrazar con fuerza. Es la decisión de renunciar a su compromiso con Dios y con la santidad a la cual fue llamado, a cambio de una racha temporal y tangible de beneficios terrenales.

Si en verdad desea tener intimidad con Dios y respuesta a sus oraciones y dar testimonio de la manifestación del Señor de formas que solo podría imaginar, debe abandonar las cosas de este mundo y enfocar su atención solo en Dios.

Amar al mundo es como si la novia amara al anillo más que al novio que se lo regaló. Es amar el brillo y el resplandor del regalo más que al dador. Así como el novio se sentiría dolido y angustiado al descubrir que su novia eligió al anillo antes que a él, Dios no toma con menos dureza nuestro amor por el mundo: «¡Adúlteros! ¿No se dan cuenta de que la amistad con el mundo los convierte en enemigos de Dios? Lo repito: si alguien quiere ser amigo del mundo, se hace enemigo de Dios» (Santiago 4:4).

No solo se pierde la experiencia de experimentar la realidad de Dios en su vida, sino que cuando elige amar al mundo, elige unirse a Satanás para convertirse en el adversario de Dios. La amistad con el mundo lo pone en conflicto con Dios. Lo lleva a un comportamiento que lo sitúa en la dirección opuesta del destino que Dios tiene para su vida. Vemos un ejemplo de ello en 2 Timoteo 4:10: «Demas me abandonó porque ama las cosas de esta vida y se fue a Tesalónica. Crescente se fue a Galacia, y Tito a Dalmacia». Pablo mencionó en público a quienes alguna vez profesaron un amor por Cristo y el llamado a levantar el reino, pero que se apartaron al haber sido atraídos por el amor a este mundo y a sus valores.

Sin embargo, antes de que señalemos con el dedo a otros, recordemos qué fácil es ser atraídos por el amor al mundo. Cualquiera puede caer en esta trampa, en especial porque nuestra cultura actual gira, en gran medida, alrededor de la aceptación y la aprobación públicas. Queremos gustarle al mundo. Pero, para gustarle al mundo, tenemos que asegurarnos ser agradables. Queremos que el mundo nos acepte y nos adopte. Ahora bien, para que el mundo nos acepte y nos adopte, debemos aceptar y adoptar al mundo.

Hacer que al mundo le «gusten» los posteos de su vida es lo opuesto a lo que Jesucristo dijo que sucedería si usted lo seguía: «Si el mundo los odia, recuerden que a mí me odió primero. Si pertenecieran al mundo, el mundo los amaría como a uno de los suyos, pero ustedes ya no forman parte del mundo. Yo los elegí para que salieran del mundo, por eso el mundo los odia» (Juan 15:18-19). Jesús dijo con claridad que no puede tener ambos. No puede amar al mundo y vivir las experiencias del amor a Dios al mismo tiempo. No puede ser hincha de ambos equipos al mismo tiempo. No puede alentar cuando uno mueve el balón y volver a alentar cuando el otro detiene el avance del balón.

De manera similar, no puede escuchar una radio AM si está sintonizado en el canal de FM. Y viceversa. Sin embargo, eso es lo que la mayoría intentamos hacer. Procuramos amar a Dios el domingo (o amarlo cuando necesitamos algo), pero volvemos a amar al mundo el resto del tiempo. Luego preguntamos por qué hay estática en la línea. Hay estática en la línea porque Dios y Satanás no operan en la misma frecuencia.

Las Escrituras nos delinean la frecuencia en la que actúa Satanás. Es la misma frecuencia en la que estábamos todos antes de convertirnos a Jesucristo: «Antes ustedes estaban muertos a causa de su desobediencia y sus muchos pecados. Vivían en pecado, igual que el resto de la gente, obedeciendo al diablo —el líder de los poderes del mundo invisible—, quien es el espíritu que actúa en el corazón de los que se niegan a obedecer a Dios» (Efesios 2:1-2). Satanás es el príncipe del poder de este mundo, y alinearse con él en cualquier sentido es alinearse con el espíritu de desobediencia. Es regresar a la vieja naturaleza de la cual usted fue redimido por medio de la sangre de Jesucristo.

Esto me recuerda la historia de un hombre que deseaba librarse del trajín de la vida. Decidió comprar una isla en un entorno hermoso y pintoresco. Podía pagar la isla entera y quería disfrutar de su privacidad y su espacio personal, así que la compró. Esta isla prístina, rodeada por las aguas de un mar azul precioso, con el sonido de las olas que chocaban contra la playa, era toda suya.

Un día, alguien le dio una idea genial. Le comentaron que la isla era tan hermosa que sería un lugar estupendo para un exclusivo campo de golf. Un amigo le dijo al hombre que si construía un campo de golf en la isla, tendría algo divertido que hacer. Entonces, el hombre contrató una cuadrilla de obreros e hizo un campo de golf en su isla.

Luego, muchos socios comerciales y amigos empezaron a escuchar anécdotas maravillosas sobre este campo de golf asombroso; ellos también querían jugar ahí. Le preguntaron si podían jugar y, como era un hombre amable, accedió. Pero entonces lo estimularon a que construyera un hotel para tener un lugar donde quedarse, afirmando que el hotel podía financiar el mantenimiento de su isla y futuros proyectos. Él estuvo de acuerdo.

Después de un tiempo, muchas personas acudieron en manada a esta isla, con su magnífico campo de golf y su hotel exclusivo. Otros también querían quedarse y buscaban lugares que ofrecieran viviendas permanentes. Esto llevó al hombre a construir una pequeña clínica, casas y un departamento de policía. Luego, sumó una escuela pequeña.

Para cuando finalizó todo esto, el hombre ya no podía oler el océano. El aire había sido densamente afectado por la construcción y por las personas que se habían ido a vivir allí. Había perdido la privacidad prístina que buscaba originalmente.

Así es el mundo. Quiere desplazar la razón por la cual usted buscó la relación con Jesucristo en primer lugar. Quiere contaminar su tiempo y su espacio personal con cosas, personas, actividades e intereses que lo alejen de él. El mundo quiere que olvide la paz que es suya en él. Quiere que reaccione a las voces de la gente, en lugar de responder a la voz calma y delicada de Aquel por quien usted fue redimido y bajo quien sirve.

En el pasaje que analizamos antes, 1 Juan 2:15-17, leemos cómo es el verdadero mundo y qué amamos de este. Hay tres cosas que él señala y despoja al mundo de su encanto: el intenso deseo por el placer físico, el deseo insaciable por todo lo que vemos y el orgullo de nuestros logros y posesiones. Todas las cosas de este mundo encajan en una de estas tres categorías.

El intenso deseo por el placer físico es ansiar y desear lo que está fuera de la voluntad de Dios, ya sea porque la cosa en sí misma es mala o porque usted desea algo bueno, aunque de una manera ilegítima.

Por ejemplo, uno de los grandes placeres de la vida es comer. Es una necesidad, pero también un placer. Sin embargo, a pesar de que el deseo por el placer de la comida está presente, la Biblia declara que la glotonería es mala. Asimismo, Dios ha dispuesto que la naturaleza nos provea la medicina para la sanidad y la salud en muchos niveles. Pero cuando esa naturaleza es llevada a otro extremo, fuera de su propósito original, crea adicción y destrucción. La Biblia deja en claro que beber vino no es un pecado. Pero el alcoholismo sí es malo. El sexo no es pecado. La inmoralidad es mala. Lo que hace Satanás es tentarnos para que nos enamoremos tanto del placer en sí mismo que lo busquemos más allá de los límites estipulados por Dios.

El intenso deseo por el placer físico es perseguir maneras ilícitas de sentir placer, mientras que el deseo insaciable por lo que vemos involucra el deseo ilícito por las posesiones, la posición social y el protagonismo. Muchos de los que leen este libro ahora mismo están ahogados por deudas a causa del deseo insaciable por todo lo que vemos. Anhelar cosas, y lo que ellas representan, pasó a ser más importante que sus prioridades económicas ante el Señor. Muchos ni siquiera pueden honrar a Dios con su dinero porque están obligados a honrar a Mastercard, Visa y American Express. A Satanás le encanta incitar el deseo por las cosas que vemos. Está en todas partes: en los anuncios publicitarios de las revistas, en Internet, en las carteleras promocionales y en la televisión. Dondequiera que mire hay alguien diciéndole que su vida será mejor si adquiere algo más. Y, aunque usted de verdad no puede pagar una cosa más, va y la compra. Eso es por el deseo insaciable por todo lo que vemos. Así es como la gente termina gastando el dinero que no tiene para impresionar a personas que no conoce.

Confiar únicamente en lo que puede ver lleva a perder lo que usted experimenta espiritualmente. Quizás sea demasiado joven para recordar esto, pero hace años, el gobierno introdujo una forma de pago que se llamaba dólar Susan B. Anthony. El dólar Susan B. Anthony difería del papel moneda. Trasladaba el valor de un dólar a una moneda. El principal problema de esta nueva forma de pago, y el motivo por el cual después se suspendió su producción, era que se sentía y se parecía mucho a una moneda de veinticinco centavos. Debido a los parecidos, las personas muchas veces confundían una con otra. Aunque valía cuatro monedas de veinticinco, la gente la gastaba como si fuera una, quedándose con menos dinero del que debían tener.

El creyente que va detrás del mundo vive con un nivel similar de confusión y de pérdidas resultantes. El creyente carnal está tan inmerso en la mentalidad del mundo que los demás ya no pueden saber si es una moneda de veinticinco o un dólar. De hecho, él o ella tampoco sabe si es de veinticinco o de un dólar. A pesar de que el valor fijado por la redención de Jesucristo fue alto, los creyentes carnales suelen parecer, más bien, poca cosa. Además, se defraudan a sí mismos en sus decisiones, pensamientos y conversaciones. En lugar de alinear lo que dicen o lo que hacen con el valor prescrito para ellos por Dios, se conforman. Ya sea conformarse con una relación tóxica o con una profesión en lugar de un llamado o, incluso, conformarse con sacudones económicos a corto plazo, antes que recompensas eternas, muchísimos cristianos rebajan su valor espiritual en esta vida.

Tildar mi lista

Además del deseo por los placeres físicos y el deseo por todo lo que se ve, está el orgullo de nuestros logros y posesiones. El orgullo por nuestros logros y posesiones involucra estas cosas y otras. Es un intento intencional por concentrarse en la autopromoción, en lugar de promocionar a Dios en las cosas que usted dice o hace. También involucra su forma de pensar. Si en su forma de pensar no reconoce a Dios como el proveedor de todas las cosas, inevitablemente caerá en el orgullo de sus logros y sus posesiones porque, equivocadamente, buscará en sí mismo el mérito de su propio éxito. El orgullo suele medirse tildando la lista de logros y acumulando una cierta cantidad de amigos, «me gusta» o comentarios, etcétera. Las listas pueden llevarnos por el camino equivocado.

De hecho, muchas personas definen la *vida mundana* con una lista exclusivista. Todo lo convierten en una lista de «No haga tal cosa». Pero las listas no captan la esencia de qué es la vida mundana. Por un lado, el problema es que nuestras listas siempre son muy cortas. Algunos omiten las cosas que les gustan hacer, mientras que incluyen en la lista las cosas que no les gustan. Otro problema con las listas es que, a veces, son demasiado extensas. Eso es lo que llamamos legalismo. Muchos creyentes están atados al legalismo y no pueden disfrutar de una gran cantidad de bendiciones que Dios ha dado porque, simplemente, alguna vez escucharon que alguien dijo que esas cosas, de alguna manera, eran pecaminosas.

Pero el verdadero problema de querer definir la *vida mundana* por medio de listas es hacer foco enteramente en los actos externos ignorando la realidad de que Dios mira el corazón (1 Samuel 16:7). Uno podría obedecer todas las reglas de una normativa en particular, pero seguir teniendo un corazón desobediente y rebelde para Dios.

Es como el alumno de segundo grado que fue obligado a estar de pie mientras pasaban lista, pese a que no quería hacerlo. Mientras estaba parado tenía una sonrisa en su rostro, cosa que sorprendió a la maestra porque sabía que al niño no le gustaba estar de pie. Por lo general, tenía que amenazarlo con dejarlo sin recreo para que permaneciera de pie. Cuando la maestra le preguntó por qué sonreía, él respondió: «Porque estoy sentado por dentro». A su manera, había encontrado la manera de romper la regla. Aunque solo fuera en su mente, para él era suficiente.

El tema con Dios es que conoce nuestro corazón. Él sabe si solo obedecemos una regla para evitar las consecuencias o si en verdad lo obedecemos en un espíritu de amor y gratitud.

Y, aunque Dios sabe si nuestro alineamiento interior es verdadero, las Escrituras también nos dan tres señales o manifestaciones de vida mundana que podemos usar para saber si nuestro alineamiento interior es de verdad.

La primera señal real para saber si su corazón es mundano es su nivel de conflicto con los demás. El creyente que vive en un estado permanente de conflicto revela un espíritu mundano. Las Escrituras nos muestran que esta forma de interacción relacional surge de la carne (Tito 3:1-3). Los conflictos que se originan en la envidia, el egoísmo y aun la mezquindad provienen de la carne.

El Nuevo Testamento nos da una gran cantidad de ejemplos de la lucha interna que suceden cuando dejamos que domine la vida mundana. El primero que nos viene a la mente es la iglesia de Corinto. Los creyentes que la componían llevaban los conflictos que tenían unos con otros ante la justicia secular, deshonrando el nombre de Cristo (1 Corintios 6:1-8). Habían llegado a convertir la mesa de la Comunión en una fuente de conflicto, a la vez que se vanagloriaban de lo espirituales que eran.

La iglesia de Filipos no era mucho mejor. Pablo tuvo que reprenderlos por dos mujeres que no parecían ponerse de acuerdo (Filipenses 4:2-3). Y en su carta a los Gálatas, Pablo los describió como animales que se devoraban unos a otros en el conflicto (Gálatas 5:15).

En la raíz de tanto conflicto afín a lo mundano está la ira que se enciende cuando las cosas resultan diferentes a lo que esperábamos. A diferencia de la ira justa (la ira contra el pecado o que confronta un problema o una disputa legítima), la ira impía viene de la propia carne. Su objetivo es descargarse; liberar pasiones reprimidas y perturbadas por el desaliento, la frustración o la irritación. Santiago 1:20 nos dice: «El enojo humano no produce la rectitud que Dios desea».

La Biblia es clara: usted y yo no podemos realizar la obra de Dios cuando estamos empoderados por la ira humana. Por eso tenemos que ser «lentos para [enojarnos]» (Santiago 1:19), lentos para tomar cartas en el asunto de una manera que no es bíblica.

La Biblia también es clara en cuanto a que no debe haber ninguna división en el cuerpo de Cristo. Los corintios que acabo de mencionar vivían «como la gente del mundo», y lo que evidenciaban eran los «celos» y las peleas que había entre ellos (1 Corintios 3:1-3).

Alguien podrá decir: «Bueno, es que yo tengo mal carácter». No, usted no tiene mal carácter. El mal carácter lo tiene a usted. Usted es controlado por un espíritu de vida mundana. Mientras que usted sea rápido para enojarse, en lugar de ser lento para el enojo, no va a solucionar nada porque ha quitado a Dios de la ecuación y de la solución. Básicamente, tiene que valerse por sí mismo.

La vida mundana es el resultado de un conflicto interior, y ese conflicto interior está detrás del conflicto con los demás. La Biblia nos enseña esa verdad en Santiago 4:1-2: «¿Acaso no surgen [las disputas y las peleas] de los malos deseos que combaten en su interior? Desean lo que no tienen, entonces traman y hasta matan para conseguirlo. Envidian lo que otros tienen, pero no pueden obtenerlo, por eso luchan y les hacen la guerra para quitárselo».

La palabra *interior* que vemos aquí se refiere al cuerpo físico del creyente. Santiago está hablando de los placeres que luchan en su interior para dominarnos. Si busca en los demás la causa de los problemas que enfrenta, no la encontrará. La causa está dentro de usted.

La palabra *deseos* que aparece en Santiago 4:1 es la raíz de la palabra *hedonismo*. El hedonismo, la búsqueda del placer por el placer en sí mismo, se basa del todo en la propia satisfacción y en la autogratificación. Por lo tanto, hasta que usted no identifique y resuelva el conflicto interior, no solucionará la crisis de afuera.

Piense en la primera familia registrada de la humanidad. ¿Por qué Eva cometió el primer pecado en Edén? La Biblia enseña que su decisión se basó en el placer personal. Eva vio que el fruto era «bueno», «agradable a los ojos» y «codiciable» (Génesis 3:6, RVR60). Ese árbol era el árbol del «sentirse bien». Los deseos de Eva estaban en guerra dentro de ella, y perdió.

Hay una guerra que se desarrolla dentro de nosotros, aunque nos la agarremos con los demás. Esta guerra se origina en los deseos incontrolados que tenemos adentro:

Pues la gente solo tendrá amor por sí misma y por su dinero. Serán fanfarrones y orgullosos, se burlarán de Dios, serán desobedientes a sus padres y malagradecidos. No considerarán nada sagrado. No amarán ni perdonarán; calumniarán a otros y no tendrán control propio. Serán crueles y odiarán lo que es bueno. Traicionarán a sus amigos, serán imprudentes, se llenarán de soberbia y amarán el placer en lugar de amar a Dios. Actuarán como religiosos pero rechazarán el único poder capaz de hacerlos obedientes a Dios. ¡Aléjate de esa clase de individuos!

2 TIMOTEO 3:2-5

Lo increíble es que estos deseos incontrolados son realizados por aquellos que «actúan como religiosos», de los que hablamos en el capítulo anterior. Esto significa que es muy fácil vivir una vida mundana mientras se mantiene la fachada de cristiano piadoso.

Una de las maneras de referirnos a esto en la actualidad es «cristiano cultural». Es la persona que se registra en una iglesia para tildarlo en su lista, pero luego procede a vivir como se le da la gana. Las Escrituras nos dan una declaración muy directa de cómo interactuar con este tipo de personas. Como vimos en el versículo 5: «¡Aléjate de esa clase de individuos!». Sobre todo, tampoco sea uno de ellos. Si lo es, no solo sufrirá conflictos interiores y exteriores, sino que además se posicionará como enemigo de Dios, en lugar de ser su amigo.

Amar al mundo siempre se traduce en estar en conflicto con Dios. Es adulterio espiritual del más alto nivel, quebranta el pacto de comunión que Dios garantizó por medio de la muerte de su Hijo Jesucristo. Y, aunque para nosotros puede ser un poco difícil de entender, no es tan difícil de comprender si lo ponemos en términos humanos. Tome por ejemplo a un esposo y a una esposa. ¿Qué pasaría si el esposo llevara a cenar con ellos a otra persona de su interés sentimental para que estuvieran los tres juntos? ¿Cree que la esposa se quedaría sentada y cenaría su comida sin más? Yo tampoco lo creo. Más bien, se iría furiosa (con derecho) porque el vínculo íntimo de su relación se vería profanado.

De la misma manera que este acto destruiría la relación matrimonial, cuando traemos el punto de vista, los deseos y los valores del mundo a nuestra relación con Dios, provocamos una distancia entre nosotros. Cuando usted, como creyente, se permite ceder ante el mundo, se pone en una posición hostil hacia Dios.

No solemos hablar de esto, pero Dios es un Dios celoso. Le provoca ira cuando usted le entrega su corazón a otro. Santiago 4:5 dice: «¿Acaso piensan que las Escrituras no significan nada? Ellas dicen que Dios desea fervientemente que el espíritu que puso dentro de nosotros le sea fiel».

No hay lugar para un rival en su relación con Dios. Él se aflige cuando desviamos la atención a otra parte o cuando buscamos que otras cosas u otras personas dirijan nuestra vida.

Si usted y yo hemos de vivir con un enfoque del reino en nuestra vida diaria, Dios no solo debe superar el apego que sentimos por el mundo, sino que Dios debe siempre ser lo *primero*. Él tiene que ser nuestra prioridad.

Esta cuestión de la prioridad es importante porque hay ciertas cosas que Dios no puede hacer. Por ejemplo, no puede mentir. Tampoco puede pecar. Pero hay un asunto más que Dios no puede hacer. No puede permitirse a sí mismo estar en segundo lugar ni en un lugar inferior a ese, ya sea en su vida o en la vida de sus seguidores. La Biblia nos habla a menudo de los celos de Dios (Éxodo 20:5; 34:14; Deuteronomio 4:24; 32:16; Josué 24:19, Salmo 79:5). Estos celos están arraigados en su carácter y en su compromiso con nosotros. Debido a quien es Dios, él demanda y merece ser prioridad en nuestra vida.

Debemos reconocer cuándo el primer amor se ha convertido en el segundo amor (o menos) en nuestra vida, como lo ilustra Apocalipsis 2:4, RVR60: «Pero tengo contra ti, que has dejado tu primer amor».

¿Cómo sabemos cuándo el mundo ha usurpado el lugar que le pertenece a Dios en nuestro corazón, y que la acusación de Apocalipsis 2:4 se aplica a nosotros? Una manera es que cada cosa que hago para Dios se convierte en una finalidad en sí misma. Cada vez que predico simplemente por predicar, en lugar de hacerlo por un amor sentido y por mi devoción a Dios, he cambiado mi enfoque hacia el mundo. Cada vez que hace sus devocionales solo para tildarlo en su lista, ha puesto su enfoque en el mundo.

Dios sabe todo, y en especial sabe cuándo nos mueve la intención de cumplir con la actividad en lugar de buscarlo a Él. En el camino cristiano se puede cumplir un programa y un proceso y, al mismo tiempo, evitar a la Persona. Esto es porque, si la relación se basa en una lista de cosas por cumplir, hay un problema en esa relación. De hecho, esto degenera en que vivamos la vida cristiana por la ley, en lugar de por la gracia (Gálatas 5:4).

Lamentablemente, muchos creyentes viven así. Suponen que para ser un buen cristiano deben hacer esto, aquello y lo otro, y a la vez evitar esto, aquello y lo otro. Cuando tildan todos los ítems de la lista, piensan que el Señor debe estar feliz con ellos. El relato bíblico sobre Marta y María arroja luz sobre esto. Si recuerda la historia, sabe que Marta está atareada en la cocina, preparando todo un banquete. Mientras tanto, María está sentada a los pies de Jesús, disfrutando una relación estrecha con él. Lea Lucas 10:38-42 si no conoce este relato.

Al ver a María sentada mientras ella trabaja, Marta sale y se queja con Jesús. Quiere saber por qué él está hablando con María, en lugar de decirle que la ayude a preparar la comida. Marta está tan molesta con María que ni siquiera le habla. Podría haberla llamado a la cocina para pedirle ayuda. En cambio, acude directamente a Jesús para quejarse de ella.

¿Recuerda qué le dice Jesús como respuesta? En los versículos 41 y 42 leemos: «El Señor le dijo: "Mi apreciada Marta, ¡estás preocupada y tan inquieta con todos los detalles! Hay una sola cosa por la que vale la pena preocuparse. María la ha descubierto, y nadie se la quitará"».

Lo que Jesús le dice con claridad a Marta es que él no mandará a María a cocinar. Y no lo hará porque, entonces, tendría dos Martas con quienes lidiar. «Hay una sola cosa por la que vale la pena preocuparse», le dice. Y esa «sola cosa» es estar con él. En otras palabras, un guiso hubiera sido suficiente si eso hubiera liberado a Marta para que pudiera pasar un rato con él también.

Muchos tenemos una lista de cosas que no hay que hacer, como ya hemos visto sobre el tema de la «vida mundana». Pero también tenemos nuestra lista de asuntos «que hacer», las cuales sentimos que nos harán justos, son las cosas que hacemos para Dios. Pero, en cuanto a listas se refiere, a menudo tenemos una lista muy corta de cómo procuramos profundizar nuestra relación con Dios.

Entonces, siempre que se abandona la devoción a la relación, la relación está en problemas. Dios no quiere solo nuestra programación; quiere nuestra pasión. Él quiere el fuego.

Para que el fuego se mantenga ardiente en la chimenea, debe haber un contacto permanente y estrecho entre los troncos. Una vez que ese contacto desaparece, lo mismo le sucede al fuego. En ese momento, no importa si usted tiene un millón de fósforos; el fuego podrá encenderse, pero pronto se apagará. Para que el fuego siga ardiendo, los troncos deben estar estrechamente conectados. Los troncos se mantienen calientes entre sí.

Esto se parece a cómo muchos encaran su relación con Dios: procuran encenderla con un fósforo. Tal vez, eso sea yendo a la iglesia y cantando las canciones de adoración, pero una vez que llegan al estacionamiento, el fuego se apagó. Su vitalidad espiritual desapareció porque lo que había encendido su relación con Dios se convirtió en un ritual. Lo que había comenzado como intimidad se transformó en actividad. Han perdido su fuego.

Cuando la obligación reemplaza la devoción, cambia su enfoque hacia la atracción fatal por el mundo. La devoción tiene la finalidad de transformar la obligación en algo deseable, hecho con un corazón de amor y generado por una relación afirmada en la prioridad de la intimidad.

Recién cuando reniega del mundo y se vuelve a Dios, es cuando en realidad vive su llamado del reino. Y, cuando lo hace, Santiago nos dice la promesa de lo que entonces será suyo: «Dios se opone a los orgullosos, pero da gracia a los humildes» (Santiago 4:6). Cuando usted haga de la búsqueda de Dios su primer amor, él abrirá los depósitos de su favor y le dará la gracia mayor que usted necesita para vivir una vida victoriosa. Le entregará más de sí de lo que usted imaginaría tener.

Al humillarse bajo su mano, accede a esta gracia mayor. Hacerlo le dará el poder que necesita para resistir al diablo y a los deseos mundanos de esta vida. Tendrá todo lo que necesita para experimentar el destino divino que Dios tiene para usted.

9

MÁS DINERO

Hace unos años, vivimos un fenómeno conocido como *tétrada*. Las tétradas solo ocurren muy de vez en cuando. Para ser más preciso, suceden únicamente la vez que hay *luna de sangre*. Eso es porque la tétrada es una serie de cuatro eclipses lunares totales consecutivos, los cuales se extienden a lo largo de un período de tiempo, lo cual da lugar a cuatro lunas de sangre seguidas.

La explicación del término *luna de sangre* es que en un eclipse lunar total, el sol, la luna y la tierra se alinean de tal manera que la tierra bloquea toda la luz directa del sol, la cual no puede llegar a la luna. En su lugar, la sombra de la tierra cubre por completo a la luna. Por la misma causa que nuestro cielo se vuelve rosado o rojizo durante el amanecer o el atardecer, la luna aparece roja durante el eclipse lunar total. La luz refractada da la imagen de lo que ha llegado a conocerse como luna de sangre.

Esas noches, en lugar de presenciar la brillante luz blanca de la luna llena, vemos una escalofriante capa de maldición que envuelve a la tierra.

Es mucho más fácil hacerse camino en una noche oscura con la luz de la luna llena que cuando la tierra proyecta su sombra. De manera similar, es mucho más fácil hacerse camino en las noches oscuras de la vida con toda la luz brillante de Dios sobre nosotros que cuando las cosas de esta tierra bloquean su resplandor.

Uno de los beneficios de caminar a la luz de todo el resplandor de Dios es tener la sabiduría para tomar las decisiones correctas. Estoy seguro de que usted habrá tropezado en la oscuridad de vez en cuando, como yo, para ir a golpearse el dedo del pie contra una mesa o con el extremo de la cama. ¿Quién iba a decir que había tantas terminaciones nerviosas en un dedo tan pequeño, y que podían causar tanto dolor? Pero esto es lo que sucede cuando caminamos sin iluminación. Lo lleva a pasar por cosas que causan dolor en su vida, en lugar de guiarlo al destino preparado para usted.

El tiempo que compartimos en este libro mientras exploramos cómo vivir la vida con la claridad de la perspectiva eterna ha sido diseñado para destacar la luz del punto de vista de Dios en todo lo que usted hace. Ya sea ajustando cómo elegir las relaciones o las luchas emocionales o, simplemente, guiándolo a considerar lo temporal a la luz de lo eterno, mi meta a lo largo de estas páginas es posicionarlo para la victoria.

En este capítulo, quiero considerar con usted cómo tener una perspectiva del reino sobre sus finanzas. Esta es un área que a muchos nos causa una tremenda aflicción innecesaria. Dios ha establecido en su Palabra cómo debemos ver el dinero y, cuando ponemos en práctica sus preceptos y sus principios en nuestra vida, en particular en lo relativo al dinero, experimentamos la libertad que viene de él.

La Palabra de Dios tiene mucho para enseñarnos sobre el tema. Dios no evita este asunto. Jesús contó una gran cantidad de parábolas en el Nuevo Testamento, de las cuales casi un tercio tratan sobre el tema del dinero. Uno de cada diez versículos en el Nuevo Testamento menciona a las posesiones. La Biblia contiene alrededor de quinientos versículos sobre la oración y casi otros quinientos versículos sobre la fe. Pero hay más de dos mil versículos bíblicos sobre el dinero.

¿Por qué esto es así? Porque Dios sabe que nuestra opinión sobre el dinero es, a menudo, el termómetro preciso de nuestra temperatura espiritual. Así como no se debe mirar fijo al sol durante un eclipse porque puede dañar los ojos, si nos enfocamos deliberadamente en el dinero, su resplandor puede cegarnos en lo espiritual.

Esta es la razón por la cual la Biblia nos instruye a no dejar que las riquezas nos obsesionen ni envanezcan la opinión que tenemos de nosotros mismos, y a que no permitamos que el dinero nos tiente a tratar a otros creyentes de acuerdo con lo ricos o pobres que sean (Santiago 2:1-4). Esto no solo es de mal gusto: es pecado.

En Lucas 12, nos encontramos con una enseñanza de Jesús sobre el Espíritu Santo, sobre cuán importante es él tanto para el tiempo como para la eternidad. Sin embargo, mientras Jesús está enseñando, alguien lo interrumpe.

Veamos, cuando predico escucho que la gente durante el sermón dice: «Amén» o «¡Así se predica!» o «¡Háblenos más, pastor!». Escucho cosas por el estilo que se dicen a lo largo del mensaje. A veces, esto ocasiona que deba hacer una pausa o que otros miembros de la congregación se rían por lo bajo o respondan. Pero nunca interrumpen por completo el mensaje.

Ese no fue el caso con Jesús. La persona que interrumpió su mensaje lo hizo completamente fuera de su rumbo. Jesús estaba ocupado explicando las verdades teológicas profundas de blasfemar contra el Espíritu Santo, cuando un oyente exclamó: «Maestro, por favor, dile a mi hermano que divida la herencia de nuestro padre conmigo» (Lucas 12:13). Esa interrupción atrevida no podía estar más alejada de lo que Jesús estaba enseñando.

Pero Jesús no se desconcentró. Siguió adelante como solo él podía y le respondió: «Amigo, ¿quién me puso por juez sobre ustedes para decidir cosas como esa?» (Lucas 12:14). Imagino que hubo varias carcajadas entre la multitud cuando dijo eso. Quizás, Jesús mismo también sonrió.

Pero, entonces, mientras su rostro se volvía más solemne, abordó una verdad crucial, diciendo lo siguiente: «¡Tengan cuidado con toda clase de avaricia! La vida no se mide por cuánto tienen» (Lucas 12:15). Como siempre lo hace, Jesús fue directo a la raíz. No se molestó por el pedido de ayuda del hombre para que arbitrara en un problema económico con su hermano. En cambio, se ocupó del corazón que estaba detrás de la cuestión con una verdad espiritual.

Esto es porque cuando aplicamos la perspectiva celestial a las realidades terrenales, podemos resolver las realidades terrenales de la manera en que deberían ser resueltas.

Jesús llevó la conversación a un grado más profundo que la pregunta inicial porque conocía el corazón que había detrás de la pregunta. Tomó la pregunta simple del hombre y la convirtió en la plataforma para predicar sobre la avaricia. Jesús siempre abordará la motivación y no solo la información porque es la motivación la que revela la verdadera naturaleza del problema a tratar. El problema no tenía que ver con dividir la herencia entre los dos hermanos. El problema era el nivel de avaricia que había en el corazón de ambos hermanos.

Antes de que ahondemos en esta cuestión, permítame definir la *avaricia*. La avaricia no tiene nada que ver con cuánto dinero tenga usted. No tiene que ver con el tamaño de su cuenta bancaria, dónde viva, qué ropa use o qué auto maneje. La cantidad de dinero o los bienes materiales no son equivalentes a la avaricia. Usted puede ser rico y avaro, pero también puede ser pobre y avaro. Puede incluso ser de clase media y ser avaro porque la avaricia tiene que ver con algo que está más allá del dinero en sí mismo. Según los términos bíblicos, la avaricia se relaciona con el hecho de si usted ha puesto las cosas físicas y tangibles de la vida antes que las espirituales.

La avaricia tiene que ver con el alineamiento. Si la sombra de las baratijas de la tierra ha eclipsado la luz de la verdad de Dios, usted es avaro.

La avaricia tiene que ver con si su afán por las cosas bloquea su afán por Dios. Usted es avaro cuando ama el dinero que no tiene, o que quiere tener, más de lo que ama a Dios, a quien sí tiene. Es cuando sus pensamientos y sus actos se inclinan más por adquirir o desear cosas que por adorar o desear a Dios. Cuando la voluntad de Dios para su vida pasa a un segundo lugar porque lo material supera a lo espiritual, usted se ha convertido en una persona avara.

La avaricia es una cuestión de prioridades, no de dinero. Además, viene en todo tipo de formas. Como dijo Jesús, tenemos que tener cuidado con «toda clase» de avaricia. Porque una persona puede ser avara de diversas maneras. Pueden ser avara con sus emociones, sus relaciones, sus ambiciones, etcétera. La avaricia es un estado del corazón, no de la billetera. De hecho, existe incluso una avaricia religiosa en la cual se usa la Biblia para promocionar la teología de la prosperidad, lo cual convierte a Dios en el genio de la botella, quien debe concedernos todos los deseos.

Dios no es un mero financiero. Cuando lo convertimos en eso, nos hacemos culpables de vivir en un espíritu de avaricia.

Para que no haya ningún malentendido, permítame decir de entrada que cuando la Biblia habla contra la avaricia, el asunto no es cuánto tenga una persona. La mayor preocupación de Dios no es cuánto dinero tenga usted en el banco, cuántos autos haya en su cochera ni cuántos impuestos tenga que pagar a fin de año. Lo que le preocupa a Dios es su actitud frente a lo que tiene.

Algunos de los siervos más distinguidos de Dios fueron, de hecho, personas muy ricas. En seguida se me viene a la mente Job. El propio Satanás sabía que Dios era quien había enriquecido a Job (Job 1:10). Esto fue cierto, y Dios le dio a Job aún más al final de su vida de lo que le había dado al comienzo (Job 42:10-17). Dios no pidió disculpas por enriquecer a Job. La Biblia dice: «La bendición del SEÑOR enriquece a una persona» (Proverbios 10:22). Moisés les dijo a los israelitas: «Él

[Dios] es quien te da las fuerzas para obtener riquezas» (Deuteronomio 8:18). Entonces, la avaricia no es una cuestión de cuánto tenga, sino, más bien, de cómo trate lo que tiene y cómo le responda al Dios que se lo dio.

La persona avara es la que toma una pieza de oro y la convierte en un dios.

Nos dirigimos hacia el pecado de la avaricia cuando comenzamos a ver las bendiciones de Dios como un fin en sí mismas, más que como una oportunidad dada por Dios para servir a sus propósitos eternos. Cuando usted contempla lo que Dios le ha dado y, de alguna manera, decide que todo ocurre por su propia capacidad (cuando no ve la relación entre la bondad de Dios y los recursos que usted tiene), está parado sobre un terreno peligroso.

El pecado de la codicia está enumerado en la Biblia junto con algunos otros pecados que quizás lo sorprenderían por lo cerca que están alguno de ellos: ser borracho, asesino, estafador, homosexual (1 Corintios 5:11; 6:9-10). No es una lista muy agradable, ¿verdad? La Biblia pone en la misma bolsa todos estos pecados porque todo pecado es desobediencia y rebeldía contra Dios. Los pecados de la avaricia y la codicia también están vinculados con el pecado del orgullo. En esencia, el orgullo enuncia que lo que Dios ha provisto no es suficiente. Y, a la vez, el orgullo hace que se olvide de ser agradecido por lo que Dios le ha dado.

Es muy revelador que cuando Dios le ordenó a Moisés que le dijera al faraón que dejara ir a Su pueblo, como leemos en el libro de Éxodo, específicamente dijo que los dejar ir al desierto para adorarlo. En Éxodo 7:16, leemos: «Luego anúnciale lo siguiente: "El Señor, Dios de los hebreos, me envió a decirte: 'Deja ir a mi pueblo para que me adore en el desierto'"». Dios no envió a Su pueblo directamente a la tierra donde fluían la leche y la miel. Dijo que primero debían conectarse con él en el desierto. Debían ordenar sus prioridades antes de entrar en la Tierra de la Promesa. Quería llevarlos donde pudieran depender de él para el agua y el maná porque conocía el corazón de la humanidad y lo rápido que este se da vuelta hacia lo que puede ver, para adorar eso en lugar de al único y verdadero Dios.

Conocer en profundidad a Dios es un prerrequisito para experimentar y disfrutar sus bendiciones porque si pasa por alto a Dios y va directamente a las bendiciones, puede quedar tan embelesado con las bendiciones que se olvidará de Aquel que se las dio. A Dios no le molesta que usted tenga la Tierra Prometida, siempre y cuando no se olvide de él cuando llegue a ella. Es en nuestra dependencia de Dios que llegaremos a darle el lugar que él merece en nuestro corazón. Vemos que Dios desea que nuestro enfoque esté en él por lo que les dijo a los israelitas cuando llegaron a la Tierra Prometida:

> Recuerda cómo el Señor tu Dios te guio por el desierto
> durante cuarenta años, donde te humilló y te puso a prueba
> para revelar tu carácter y averiguar si en verdad obedecerías
> sus mandatos. Sí, te humilló permitiendo que pasaras hambre
> y luego alimentándote con maná, un alimento que ni tú ni
> tus antepasados conocían hasta ese momento. Lo hizo para
> enseñarte que la gente no vive solo de pan, sino que vivimos de
> cada palabra que sale de la boca del Señor.
>
> DEUTERONOMIO 8:2-3

Es fácil confundirnos en cuanto a si enfocarnos en el Proveedor de todas las cosas o en las cosas mismas. Cuando la vida trae abundancia, la abundancia puede convertirse en la prioridad. Como somos seres espirituales que viven en cuerpos materiales, la inclinación a depender de lo que podemos sentir, ver, degustar, tocar y oler como indicadores para nuestras decisiones de vida supera, a menudo, lo que podemos discernir en el espíritu. Cuando sufrimos una carencia en nuestra vida solemos recurrir a Dios, esta es la razón por la que él puso a prueba a los israelitas en el desierto. Los humilló hasta el punto de que supieran quién era su proveedor.

Si los israelitas no hubieran pecado delante de Dios, sino, en cambio, entrado a la Tierra Prometida según el plazo original, podrían haber terminado vanagloriándose de su propia fuerza. Podrían haber experimentado con rapidez una gran riqueza y, en consecuencia, idolatrado los frutos de la tierra. Aun estando en el desierto, fundieron el oro que tenían y se hicieron un becerro. ¿Puede imaginar lo que hubieran hecho si hubieran sido bendecidos en la Tierra Prometida? Fue solo mediante una prolongada dependencia de Dios mientras deambularon por el desierto durante años que sus corazones se humillaron y llegaron a estar en armonía con su perspectiva: el enfoque de su reino.

Nadie acusaría a los gruñones israelitas de avaros cuando lo único que buscaban era su próxima comida en el desierto. Pero eso es porque hemos definido la *avaricia* según los términos de nuestra cultura y no según los de Dios. La avaricia adopta todas las formas, pero su raíz es eclipsar el gobierno legítimo de Dios en nuestra vida valiéndonos de lo tangible.

La avaricia puede incluso evidenciarse en su trabajo. ¿Está más dedicado a su jefe que a Dios? ¿Le preocupan más el balance o superar sus referencias que pasar tiempo con el Señor mismo? ¿Le preocupa más su perfil profesional o su plataforma que expandir el reino de Dios en la tierra? Todas estas cosas caen bajo el membrete de la avaricia cuando bloquean la luz de Dios a su corazón y en sus deseos.

Cuando se esmera por ascender en este mundo y aparta a Dios a un segundo plano, la avaricia ha cubierto su alma.

Hay un par de maneras de saber si ha cruzado la línea de la avaricia. Si pasa más tiempo quejándose que agradeciendo, está en la senda de la avaricia. O si dedica más tiempo a hablar de lo que no tiene, en lugar de lo que sí tiene, eso también es un indicador de que está viviendo con un corazón de avaricia.

El contentamiento es un gran indicador de un espíritu entregado a la soberanía de Dios y de un corazón alineado con un enfoque del reino. Sin embargo, el contentamiento es un atributo adquirido. Va en contra de nuestras tendencias naturales a ser atraídos por lo que sea más: más grande, mejor y más rápido. El apóstol Pablo escribe sobre esto: «No es que haya pasado necesidad alguna vez, porque he aprendido a estar contento con lo que tengo» (Filipenses 4:11). No dice que él *esté* contento. Más bien, escribe que ha «aprendido» a estar contento.

El contentamiento es un descubrimiento. Es el proceso de aprender a estar tranquilo con el lugar donde está y con lo que el Señor le ha dado. Es el mayor acto de confianza en la soberanía y en la provisión de Dios. El contentamiento honra a Dios como pocas cosas pueden hacerlo porque es una demostración de fe a nivel emocional tanto como físico. También demuestra que usted vive consciente de la eternidad, comprendiendo que los asuntos de este mundo son temporales y que, por ende, deberían llamarle moderadamente la atención.

El contentamiento es una forma de piedad que puede redundar en grandes ganancias en su vida. Ya hemos visto esto en un capítulo anterior, pero vale la pena repasarlo con más profundidad aquí y con respecto al dinero. Cuando el apóstol Pablo le escribió a Timoteo una de sus cartas, lo explicó de la siguiente manera:

> Ahora bien, la verdadera sumisión a Dios es una gran riqueza en sí misma cuando uno está contento con lo que tiene. Después de todo, no trajimos nada cuando vinimos a este mundo ni tampoco podremos llevarnos nada cuando lo dejemos. Así que, si tenemos suficiente alimento y ropa, estemos contentos. Pero los que viven con la ambición de hacerse ricos caen en tentación y quedan atrapados por muchos deseos necios y dañinos que los hunden en la ruina y la destrucción. Pues el amor al dinero es la raíz de toda clase

de mal; y algunas personas, en su intenso deseo por el dinero, se han desviado de la fe verdadera y se han causado muchas heridas dolorosas.

1 TIMOTEO 6:6-10

Pablo no escribió que el dinero en sí sea malo. En este pasaje, nos avisa que es el amor al dinero la raíz del mal.

Cuando estimamos el valor del dinero por encima de los valores del reino de Dios, abrimos la puerta a la destrucción. Al pensar que ganamos algo por ir detrás del dinero, en realidad, estamos perdiendo. Experimentamos ganancias verdaderas y duraderas cuando ponemos primero a Dios y a su reino en nuestra vida.

Las personas que se graduaron con una maestría, a veces, quieren obtener un título doctoral porque el doctorado se considera lo máximo en un campo determinado. Pero, además, obtener un doctorado tiene beneficios económicos, y muchos de los que se toman todo ese trabajo no lo hacen solo para que el título acompañe su apellido. Su valor en el mercado laboral mejora (o, por lo menos, debería) cuando obtienen el doctorado. Asimismo, proseguir la devoción (y no solo contentarse con el estancamiento en su vida espiritual) genera oportunidades para conquistar espiritualmente. Uno de los grandes beneficios de la devoción es la sabiduría para discernir los efectos del amor al dinero en la vida de una persona. El dinero, en y por sí mismo, no es malo. Es el amor al dinero la raíz de toda clase de mal.

Son innumerables las tentaciones que surgen cuando la persecución del dinero se convierte en uno de los objetivos máximos. Vivir con la perspectiva del mundo en cuanto al dinero tiende a alejarnos de la fe, en lugar de acercarnos a ella.

Pablo dice que en lugar de amar al dinero y lo que este puede hacer por nosotros cuando se nos considera ricos, tenemos que ser ricos en el servicio a los demás. En 1 Timoteo 6:18-19 escribe: «Diles que usen su dinero para hacer el bien. Deberían ser ricos en buenas acciones, generosos con los que pasan necesidad y estar siempre dispuestos a compartir con otros. De esa manera, al hacer esto, acumularán su tesoro como un buen fundamento para el futuro, a fin de poder experimentar lo que es la vida verdadera». El antídoto contra la avaricia no es la pobreza. El antídoto contra la avaricia es la generosidad.

Pablo nos guía a pensar con una mentalidad generosa en este pasaje, nos ayuda a ver la importancia de un enfoque del reino. Cuando somos ricos en buenas acciones, acumulamos para nosotros aquello que perdurará: tesoros en la eternidad. Entiendo que esto contrasta fuertemente con la manera de pensar a la cual el mundo quiere que nos conformemos, pero es por ello que somos llamados a cambiar «la manera de pensar» de acuerdo con el Espíritu y a no ser moldeados por el mundo (Romanos 12:2).

Al cultivar el espíritu en su interior, renovando su mente para ser generoso y estar dispuesto a compartir todo lo que tiene con quienquiera que pase necesidades, usted está alineándose con el Espíritu. También está utilizando estratégicamente su tiempo y su energía en este mundo. Esto es importante porque lo que transmite hacia la eternidad es lo que logra conservar. No conservará lo que acumuló aquí abajo.

Esta verdad fue claramente señalada para nosotros en el minisermón dentro del sermón que dio Jesús en Lucas 12. Recordará que, durante su sermón, fue interrumpido por el hombre que pidió que resolviera la disputa que mantenía con su hermano por la herencia. Luego de hacer algunas advertencias severas contra la avaricia, Jesús dio una especie de pequeño sermón cuando relató la parábola sobre un hombre rico que tenía una gran cantidad de graneros repletos de granos y bienes:

Un hombre rico tenía un campo fértil que producía buenas cosechas. Se dijo a sí mismo: «¿Qué debo hacer? No tengo lugar para almacenar todas mis cosechas». Entonces pensó:

«Ya sé. Tiraré abajo mis graneros y construiré unos más grandes. Así tendré lugar suficiente para almacenar todo mi trigo y mis otros bienes. Luego me pondré cómodo y me diré a mí mismo: "Amigo mío, tienes almacenado para muchos años. ¡Relájate! ¡Come y bebe y diviértete!"». Pero Dios le dijo: «¡Necio! Vas a morir esta misma noche. ¿Y quién se quedará con todo aquello por lo que has trabajado?». Así es, el que almacena riquezas terrenales pero no es rico en su relación con Dios es un necio.

LUCAS 12:16-21

El hombre del que habló Jesús en la parábola era un empresario productivo. Había calculado sus ganancias y sus pérdidas con éxito. Sin embargo, a pesar de sus habilidades, su conocimiento y sus planes minuciosos, en medio de todo ello, tuvo un error de cálculo muy notorio. Este error de cálculo estaba relacionado con su propia jubilación, e implicaba una suposición.

El hombre dio por sentado que llegaría a jubilarse.

Pero cuando le llegó la hora de relajarse y disfrutar las ganancias de su labor, era demasiado tarde para hacerlo. Estaba listo para divertirse; sin embargo, se le había terminado el tiempo en este mundo. Hizo lo que tantas personas hacen hoy en día: empujó a Dios a un lado y se enfocó en asegurarse su propio futuro.

Pero ninguno de nosotros tiene el futuro garantizado. A ninguno se nos asegura siquiera el día de mañana.

Acumular tesoros para uno mismo excluyendo a Dios de la ecuación es un negocio riesgoso. Cuando deja afuera de sus planes el enfoque del reino de Dios, no tiene ninguna garantía de con qué se encontrará. No es malo planear, pero no es sabio hacerlo sin una perspectiva eterna y sin que Dios gobierne legítimamente su vida.

Jesús no condenó el hecho de que el empresario de la parábola trabajara duro. No dijo que fuera pecaminoso querer disfrutar de los frutos de su trabajo. No, su preocupación era que el hombre procuró todo eso al margen de Dios.

Es fácil excluir el enfoque del reino cuando está siempre intentando cumplir con una fecha límite. Es fácil concentrarse en lo que vemos y en cómo nuestros propios esfuerzos repercuten en el resultado final. Pero lo que debemos tener presente es que todo lo que hacemos tiene su origen en Dios. El hombre de negocios de la parábola de Jesús tenía un campo muy productivo. Pero olvidó que él no había hecho ese campo. Dios lo había hecho. Por ende, el mismo sistema sobre el cual forjaba su productividad dependía, primero que nada, de que Dios lo proveyera. También dependía de que Dios diera la lluvia para nutrirlo, así como el sol para hacerlo crecer.

De manera similar, todo lo que usted hace tiene su origen y su fuente en Dios. Por esa razón es fundamental mantener un enfoque del reino. El enfoque del reino es un enfoque honesto, el cual reconoce que el Dador de todas las cosas buenas es Dios. No existe la productividad sin Dios. Por eso, la perspectiva es tan importante:

> Presten atención, ustedes que dicen: «Hoy o mañana iremos a tal o cual ciudad y nos quedaremos un año. Haremos negocios allí y ganaremos dinero». ¿Cómo saben qué será de su vida el día de mañana? La vida de ustedes es como la neblina del amanecer: aparece un rato y luego se esfuma. Lo que deberían decir es: «Si el Señor quiere, viviremos y haremos esto o aquello». De lo contrario, están haciendo alarde de sus propios planes pretenciosos, y semejante jactancia es maligna.
>
> SANTIAGO 4:13-16

Si usted excluye a Dios de sus planes, queda por su cuenta. Incluir a Dios en los planes significa que vive con un enfoque del reino. Su tiempo, sus talentos y sus tesoros son usados de la mejor manera posible para los objetivos y la agenda de Dios. Al hacerlo, acumula tesoros en el cielo, donde ni las polillas ni el óxido los destruirán. Está aprovechando al máximo todo lo que Dios le ha dado, de manera tal que lo glorifica a él y beneficia a otros.

Una de las principales maneras de superar la avaricia en su vida implica esta idea de dónde almacena usted su tesoro. Jesús nos dice cómo hacerlo:

> No almacenes tesoros aquí en la tierra, donde las polillas se los comen y el óxido los destruye, y donde los ladrones entran y roban. Almacena tus tesoros en el cielo, donde las polillas y el óxido no pueden destruir, y los ladrones no entran a robar. Donde esté tu tesoro, allí estarán también los deseos de tu corazón.
>
> MATEO 6:19-21

Jesús dice que no nos enfoquemos en la riqueza terrenal porque, con el tiempo, esta dejará de existir. Nada de eso se transferirá al cielo. Cuando pensamos en nuestro dinero y en nuestras posesiones, tenemos que pensar en función a cómo usar lo que Dios nos ha dado para promover los planes de su reino y para ayudar a llevar más personas a él.

Pero si los tesoros que procura tener en la tierra solo son para sus propósitos o sus placeres personales y no están de alguna manera relacionados con la eternidad, su cuenta bancaria celestial será reducida cuando usted llegue allá. Solo lo que hace para la eternidad se transfiere hacia el futuro.

Otra manera de vencer el espíritu de avaricia en su vida y de vivir con un enfoque del reino es reconociendo pública y continuamente que Dios es el Dueño de todo lo que usted tiene. Aunque piense que posee y controla los bienes materiales que tiene en la vida, no es así. No puede controlar lo que les ocurre. No puede evitar que el óxido y las polillas dejen su huella. Los ladrones pueden entrar y robar todo lo que tiene. El mercado bursátil puede desplomarse y menoscabar los ahorros con los que contó desde siempre.

Pero si considera su dinero y sus posesiones desde el enfoque del reino y optimiza su vida en la tierra para almacenar tesoros celestiales, entonces, el nombre de Dios es glorificado y él cuidará de usted. Dios no permite que las polillas ni los ladrones se metan con sus cosas. No deja que la inflación ni la recesión alteren sus planes. Los mercados bursátiles no determinan qué sucede con sus posesiones.

Es por esta razón que motivo a los creyentes para que no solo consagren a sus hijos, sino también sus casas, sus autos y todo lo demás a Dios y a su reino. Los invito a ellos (y a usted) a decir: *Todo lo que tengo, incluyendo a mi familia y mi propio ser, te pertenece. Y, dado que todo lo que tengo es tuyo, Señor, no me preocuparé por nada porque sé que tú puedes cuidar tus cosas mejor que yo. Úsalo para tu gloria.* Cuando esto suceda, no solo su vida personal mejorará gracias a un enfoque mejor en los valores y los objetivos del reino, sino que, además, usted ayudará a apoyar el desarrollo de los planes del reino de Dios.

Esta cura para la avaricia es decisiva porque, como leímos hace un ratito, «donde esté tu tesoro, allí estarán también los deseos de tu corazón» (Mateo 6:21). Ahora, no quiero que se pierda este precepto importante en la enseñanza de las Escrituras. Parecería lógico decir que nuestro tesoro va detrás de nuestro corazón. Pareciera tener sentido decir que gastaremos nuestro dinero en los tesoros que amamos. Pero Jesús dijo exactamente lo contrario. Él dijo que usted amará las cosas en las cuales gasta su dinero; así que tenga cuidado en qué gasta su dinero. Permítame darle un ejemplo de esto.

Suponga que está sentado en la iglesia, escuchando el sermón de su pastor, y alguien se acerca a usted y le susurra que su casa se incendia. Lo más probable es que su corazón empiece a latir a toda velocidad y que usted se levante y se vaya de inmediato. ¿Por qué? Porque sus pertenencias más valiosas se verían amenazadas.

Claro que no tiene nada de malo que corra hacia su casa si está incendiándose. Lo que trato de decir es que su corazón está atado a su casa porque gran parte de su tiempo, sus talentos y sus tesoros también están atados a ella. Su corazón va tras lo que usted atesora, por eso, asegúrese de invertir en cosas de valor eterno.

Ahora, permítame hacerle entender este punto. ¿Cuántas veces se dijo a sí mismo que, como el dinero está muy justo esta semana, objetivamente no le queda nada para la ofrenda? ¿Por qué cuando está escaso de dinero siempre es el dinero del Señor el que queda afuera?

¿Acaso es como el granjero que tenía dos terneros premiados? Decidió darle uno al Señor y guardarse el otro para sí. Un día, uno de los terneros murió, y el granjero le dijo a su esposa: «Cariño, pasó algo terrible. El ternero del Señor acaba de morir».

En el Salmo 62:10 encontramos palabras de sabiduría para los que queremos vivir con un enfoque del reino: «Y si tus riquezas aumentan, no las hagas el centro de tu vida». Amigo, está bien prosperar; simplemente, que su corazón no quede embelesado por las bendiciones tangibles que Dios le permite *tener*. Deje que Dios cautive su corazón y lo guarde, así como usted mantiene su enfoque puesto en él.

10

LA RECOMPENSA

Hace unos cuarenta años, cuando estábamos comenzando nuestra iglesia nueva, compramos una pequeña construcción con techo a dos aguas que se encontraba en una parcela de dos hectáreas, ubicada en medio de un terreno sin desarrollar para su uso urbano hasta donde uno alcanzaba ver con los ojos. Esta construcción sirvió como nuestra iglesia durante varios años. Y, si bien Dios me había recalcado (aun en aquel entonces) que un día seríamos los propietarios de toda la tierra a ambos lados de la calle, en ese momento solo contábamos con esas dos hectáreas.

El primer paso hacia la expansión involucraba un lote contiguo que albergaba un centro diurno para personas mayores. Era un centro conocido, y el propietario no parecía estar para nada dispuesto a mudarse. Con el tiempo, no obstante, la posibilidad de la venta comenzó a parecerle más atractiva, a medida que veía que nuestro estacionamiento se llenaba más y más cada domingo. Él sabía que estábamos creciendo más de la capacidad que teníamos. También sabía que nuestros corazones deseaban su edificio y su terreno. Por consiguiente, encaró la propuesta de venta como lo haría cualquier hombre de negocios.

Subió el precio.

Bien alto.

Y, si bien éramos una iglesia creciente, seguíamos siendo una iglesia en aprietos económicos, situada en los suburbios. Las contribuciones que ingresaban apenas cubrían nuestras cuentas. Pagar ese precio tan aumentado por el edificio vecino estaba, sencillamente, fuera de discusión. No teníamos esa cantidad de fondos.

Pero, sabiendo quién era nuestro Proveedor, de todos modos recurrí a él por el terreno. Al fin y al cabo, esta era la visión de Dios y él la había puesto en mi corazón. Esta era su iglesia, no la mía. Si él quería que adquiriéramos el terreno del edificio vecino, proveería los medios para que eso sucediera. Era tan simple y directo como eso. Entonces, se lo entregué a Dios en oración y me liberé.

Sabe, su vida también puede ser tan simple y directa como eso. Cuando vive con la mentalidad del enfoque del reino, no tiene que manipular, hacer maniobras ni crear soluciones improvisadas para encargarse de los problemas que enfrenta. Vivir con un enfoque del reino le da la libertad para elevarse a las alturas que Dios ha planeado para usted. Le quita la presión de tener que cumplir, de hacer que las cosas sucedan por su propia cuenta y de tener que lograr las visiones que él puso en su corazón. Al fin y al cabo, son las visiones de Dios. Por qué no confiar en él para que las concrete. Vivir con un enfoque del reino le permite a usted descansar, sabiendo que el Dios que creó el universo es suficientemente grande como para manejar también cualquier cosa que usted deba enfrentar.

Para resumir la historia, pocos meses después de que le entregué la situación al Señor en oración y renuncié a mi preocupación sobre cómo compraríamos el terreno, se produjo una situación que afectó considerablemente al propietario del centro diurno para adultos mayores.

Al poco tiempo, el propietario apareció por nuestra iglesia queriendo hablar conmigo. Había decidido rebajar el precio del edificio y del terreno para poder mudarse a otro lugar con rapidez. Dios nos dio la capacidad de hacer la compra debido a que la suma había bajado drásticamente.

Así es la clase de cosas que Dios hace, ha hecho y sigue haciendo por los que ponen sus esperanzas en él, alineando sus pensamientos, emociones y decisiones bajo su potestad y sus cuidados. De hecho, Dios puede usar hasta un ladrón para llevar a cabo sus planes. Motivo por el cual nunca tenemos que encerrar a Dios en la caja de nuestras propias soluciones. Él es mucho más grande de lo que podríamos imaginar. Aprender a confiar en él y descansar en su cuidado es lo más liberador que podría hacer. Lo posicionará para tener éxito y vencer en cada área de su vida.

Hemos pasado la mayor parte del tiempo en estas páginas analizando qué significa vivir con un enfoque del reino y por qué usted debe comprometerse con un cambio en su manera de pensar para llevarlo a cabo. Pero quiero cerrar nuestro tiempo compartido recordándole algo importante, uno de los mayores beneficios que llegan cuando decide vivir de esta manera. En esta época que nos toca vivir de preocupación, ansiedad, miedo e incertidumbre, este beneficio no tiene precio. Nos pertenece a todos; sin embargo, son pocos los que acceden a dicho beneficio. Jesús lo compró para cada uno de nosotros, pero únicamente los que abrazan la manera de pensar de su reino lo reciben.

Es el beneficio conocido como el *descanso*.

La calma.

La confianza.

La certeza de la seguridad.

El beneficio de la paz.

Pájaros y juegos de balón

Jesús acababa de redondear la enseñanza sobre las verdades del discipulado, apuntadas a las autoridades religiosas de su época, cuando dirigió la atención al público general. Cambió de tema por uno con el que todo el mundo lucha de una manera u otra. Tal vez, percibió la preocupación colectiva en el corazón de quienes lo rodeaban. Quizás intuyó su tensión. A lo mejor, buscó aliviar la presión que tantos llevaban sobre sus hombros; la tensión que había esculpido su frente con el paso del tiempo. Sea cual fuere el caso, cambió un mensaje más bien orientado a ser una reprimenda, por uno dirigido a brindar consuelo. Pasó de enseñar sobre la santidad a la esperanza alentadora.

Más de doce versículos están dedicados a esta porción del mensaje de Jesús. Abordando el mismo asunto por medio de varias ilustraciones distintas, parecía un predicador de campaña en una gran cruzada, diciendo lo mismo de maneras adecuadamente diferentes para que todos sus oyentes lo entendieran. A tal punto Jesús anhelaba que ellos (y también nosotros, gracias a ellos) comprendieran esto. Que lo captaran. Que vivieran de acuerdo con la libertad que produce ponerlo en práctica.

¿Cuál es la conclusión de todo lo que él dijo ese día? Cuando viva su vida terrenal con un enfoque del reino, no tendrá que volver a preocuparse jamás. Por nada.

Si usted es cristiano desde hace un buen tiempo, es probable que haya leído este pasaje antes. Pero veamos la enseñanza de Jesús en su totalidad, ya que esta prepara el terreno para esta verdad universal:

> Por eso les digo que no se preocupen por la vida diaria, si tendrán suficiente alimento y bebida, o suficiente ropa para vestirse. ¿Acaso no es la vida más que la comida y el cuerpo más que la ropa? Miren los pájaros. No plantan ni cosechan ni guardan comida en graneros, porque el Padre celestial los alimenta. ¿Y no son ustedes para él mucho más valiosos que ellos? ¿Acaso con todas sus preocupaciones pueden añadir un solo momento a su vida?
>
> ¿Y por qué preocuparse por la ropa? Miren cómo crecen los lirios del campo. No trabajan ni cosen su ropa; sin embargo, ni Salomón con toda su gloria se vistió tan hermoso como ellos.

Si Dios cuida de manera tan maravillosa a las flores silvestres que hoy están y mañana se echan al fuego, tengan por seguro que cuidará de ustedes. ¿Por qué tienen tan poca fe?

Así que no se preocupen por todo esto diciendo: «¿Qué comeremos?, ¿qué beberemos?, ¿qué ropa nos pondremos?». Esas cosas dominan el pensamiento de los incrédulos, pero su Padre celestial ya conoce todas sus necesidades. Busquen el reino de Dios por encima de todo lo demás y lleven una vida justa, y él les dará todo lo que necesiten.

Así que no se preocupen por el mañana, porque el día de mañana traerá sus propias preocupaciones. Los problemas del día de hoy son suficientes por hoy.

MATEO 6:25-34

La idea sobresaliente es: no se preocupe. Sencillamente, no lo haga. Sí, entiendo que hay muchas cosas en nuestro mundo por las cuales preocuparnos. Nos preocupamos por la economía, por nuestra profesión, la salud, la edad, el terrorismo, el mercado bursátil, las relaciones, etcétera. Nos preocupamos por lo que piensan de nosotros los demás. Cuántas personas pusieron que les gusta nuestra publicación o nuestra fotografía en las redes sociales. Nos preocupamos por nuestra aspecto físico. Por la ropa que usamos. Y por quién se va a dar cuenta. Algunas de nuestras preocupaciones son triviales. Algunas son fundamentales.

Si tuviéramos que evaluar si existen elementos válidos por los cuales preocuparnos, sin duda nos alejaríamos de esa evaluación, diciendo: «Sí, los hay. En este mundo, sí que los hay».

Sin embargo, en vista de esta realidad que todos parecemos enfrentar, Jesús tuvo la audacia de entrar en escena y decirnos a usted y a mí que no nos preocupemos por nada.

¿Jesús sabía cuán profundas eran nuestras preocupaciones? ¿Se daba cuenta de que la preocupación en y por sí misma se ha convertido en el mayor problema médico de nuestra época? Ahora le hemos puesto nombres sofisticados como trastorno obsesivo compulsivo, ataques de pánico, trastornos de estrés postraumático, fobias, ansiedad, entre otros. La preocupación alza su horrible cabeza en todas sus formas y maneras. Es el monstruo que merodea por nuestra mente y que no nos deja descansar, nos mantiene despiertos durante la noche o encadenados a las pastillas que nos ayudan a dormir.

La preocupación paga los sueldos de infinidad de terapeutas en nuestro país. Es el interés que se paga por los problemas antes de su vencimiento o incluso por cosas que nunca vencerán. Prácticamente el 80% de los temas que preocupan a la gente nunca suceden. Pese a ello, la preocupación se ha convertido en una industria multimillonaria, extendiendo las filas de las farmacias como nunca antes en toda la historia.

No obstante, Jesús lo declaró explícitamente (según dice mi traducción de Tony Evans): «¡Basta! ¡No se preocupe!».

La palabra griega usada para «preocupación» en el mensaje de Jesús nos llega del concepto de ser estrangulados o ahogados. Esto tiene sentido porque es lo que hace la preocupación: nos ahoga y nos impide funcionar al máximo. La preocupación nos trae frustración cuando deberíamos ser libres. Para el que es fanático del fútbol americano, la preocupación le dice que se ponga de rodillas en un partido del campeonato de la AFC al que solo le quedan cincuenta segundos antes de que termine la mitad, y dos tiempos muertos en su bolsillo, teniendo una ventaja de apenas cuatro puntos. La preocupación afecta el comportamiento: paraliza a los que la tienen y les impide alcanzar el máximo potencial en la vida.

Esta es la razón por la cual Jesús dijo que, si usted es su discípulo, debe dejar de preocuparse.

Preocuparse es enfocarse en lo equivocado. Es honrar a la autoridad equivocada. Es cuestionar la propia integridad de Dios. Jesús dijo que los incrédulos (las personas paganas que no conocían a Dios) se dejaban dominar por las cosas que producían preocupación. Pero el pueblo de Dios, el cual lo conoce y tiene una relación con él, no debía vivir ni pensar de la misma manera que aquellos que no lo conocen. Imagino que a Dios lo insulta nuestra preocupación. Él sabe que esta nos domina de tal manera que obstruye nuestra capacidad para desempeñar nuestras funciones como hijos del Rey.

Como Jesús remarcó en sus muchos ejemplos sobre el tema, Dios nos valora más que a los pájaros y a las flores. Él es nuestro Creador y Padre bondadoso. Los pájaros no siembran ni cosechan, no plantan su comida ni la recolectan; sin embargo, logran comer todos los días. ¿Cómo? Porque nuestro Padre celestial los alimenta.

Si nuestro Padre alimenta a los pájaros que no tienen un alma eterna, ¿cuánto más nos cuidará a usted y a mí? Es una pregunta retórica. No espero que la conteste. Aquí va otra: ¿Alguna persona mantendría lleno de comida el comedero de los pájaros, pero descuidaría alimentar a sus propios hijos?

Dios alimenta a los pájaros, a pesar de que no tienen ningún valor eterno para él. Usted es tan valioso para Dios que él dio a su único Hijo para comprar su salvación y redimirlo del infierno. Piénselo un momento. Luego, tómese otro momento para pensar en los cuervos.

Quienes conocen las Escrituras saben que los Evangelios fueron escritos por cuatro personas distintas: Mateo, Marcos, Lucas y Juan. Y, así como habría una diversidad de versiones sobre la misma historia si usted y yo presenciáramos juntos el mismo hecho, los Evangelios también suelen relatar la misma historia, pero con el énfasis en lo que se destacó para la persona que la registró.

En el libro de Mateo, por ejemplo, Mateo escribe que Jesús dijo que miráramos a los «pájaros» del cielo. En cambio, el libro de Lucas dice específicamente que Jesús mencionó a los «cuervos» (Lucas 12:24). Veamos, Lucas era médico de profesión. Su mente estaba predispuesta para los detalles y para la importancia de conservar esos detalles. Mateo, por otra parte, era un exrecaudador de impuestos. Un cuervo no era más que un pájaro para él.

La razón por la que menciono esta distinción es porque Jesús eligió a propósito dirigir la atención de sus oyentes hacia un pájaro que era considerado «impuro» en ese tiempo. Los cuervos habían sido señalados como animales «impuros», con los cuales los judíos tenían que evitar tener contacto; mucho menos, comerlos.

El punto es que Jesús les pidió a sus discípulos judíos que tuvieran en cuenta un pájaro que se les había dicho que nunca tuvieran en cuenta. En ese crudo contraste, estaba pidiéndoles que se dieran cuenta de que si Dios proveía alimento para este pájaro «impuro», de seguro lo proveería para ellos. Si Dios cuidaba tanto algo que él mismo había declarado «impuro», ¿acaso no cuidaría más a sus propios hijos (sus propios seguidores)? ¿En serio pensamos que a Dios le preocupan menos nuestras necesidades que las del cuervo, un ave que alguna vez él había designado como «prohibida» para su pueblo?

Si un cuervo no encuentra un gusano, usted no lo verá desarrollando una úlcera, rascándose la cabeza o dejándose caer desesperado. ¿Qué hace un cuervo cuando no puede encontrar un gusano? Simplemente, vuela a otro lugar y busca un gusano en otra parte. Los pájaros no necesitan alterarse porque todos los pájaros suponen lo mismo: el Creador los valora lo suficiente como para alimentarlos.

Únicamente cuando usted y yo no entendemos lo que entienden los cuervos, nos alteramos por la falta de lo que pensamos que podríamos necesitar en ese momento. Cuando uno de nuestros recursos comienza a escasear, nos preocupamos. Esto es así a menos que vivamos con el enfoque del reino, el cual entiende que Dios no está limitado por los recursos ni por la falta de ellos. Él prometió proveer para nosotros cuando vivimos bajo su gobierno global.

Él es su proveedor. Es más, es su *único* proveedor. Usted no tiene muchos proveedores. Lo que sí tiene son recursos: mecanismos que Dios usa para proveer para usted. Pero Dios es su *único* proveedor. Cuando en realidad entienda y abrace esta verdad, se librará del dominio que la preocupación ejerce sobre usted. Cuando está del todo enfocado en él, no se distrae por las fallas y las dudas de los recursos que alguna vez buscó. Lo que hagan los demás ya no lo define a usted. Descubrirá que al buscar a Dios y mirarlo directamente a él, podrá ver más allá de lo que puede ver ahora, y más allá de lo que otros pueden ver. O incluso más allá de lo que otros *digan*.

Después de todo, gran parte de nuestra preocupación surge de la presión que nos impone la cultura, nuestros amigos, familiares, compañeros de trabajo, etcétera. Gran parte del estrés y la ansiedad que nos molestan surge de la trampa de la comparación que nos tiende la mentalidad de las redes sociales de nuestra época. Pero cuando busquemos a Dios como nuestro único proveedor, descubriremos la libertad para remontar vuelo. Así como vuelan los cuervos. Tal como vuelan las águilas; o incluso como voló *un* Águila en las eliminatorias de la LNF hace unos años.

Se llama Torrey Smith. Usaba el número 82. Es probable que la mayoría de los que están leyendo este libro nunca hayan oído de él. No fue una superestrella con estadísticas de superestrella. Es un exjugador de la NFL, uno de los tantos que pasaron por las filas solo para vivir el resto de su vida en el olvido. También está casado y tiene hijos. Y además era un Águila, de las Águilas de Filadelfia.

No estoy escribiendo sobre Smith porque haya atajado un montón de pases. En realidad, no fueron tantos. Estoy escribiendo por los dos pases que sí atrapó con las Águilas, justo cuando tenía que hacerlo. Algo así como los que había atrapado unos años antes mientras jugaba para otro pájaro, los Cuervos de Baltimore.

Era el primer cuarto del Supertazón 47, cuando los Cuervos enfrentaban a los 49ers en un partido en que la mayoría pensaba que ganarían los 49ers. Los Cuervos eran un equipo comodín; hicieron lo que pocos habían hecho hasta entonces e hicieran luego. Habían derrotado al Eterno Tom Brady y a los Patriots en su propia casa, para avanzar hacia el Campeonato de la AFC (Conferencia Americana de Fútbol, por su sigla en inglés). Eso solo se consideraba una victoria mayor. Pero los Cuervos querían más. A pesar de lo que decían los demás, ellos pensaban que podían ganar todo.

A los pocos minutos del inicio del partido, el mariscal de campo de los Cuervos, Joe Flacco, lanzó un pase que resultó demasiado alto; un comentarista dijo que la lanzó demasiado alto aun mientras el balón se desplazaba por los aires. Pero, de alguna manera, Smith se calzó las alas y voló hacia arriba para atraparla directamente en el cielo. El pase largo acomodó a los Cuervos para que marcaran una anotación unas pocas jugadas después. Aquella anotación no solo se convirtió en el artífice del impulso contra el equipo que la mayoría había considerado que ganaría, sino que además resultó ser quien marcó la diferencia en el resultado final, el cual los Cuervos pasaron a ganar por solo tres puntos.

La atrapada de Smith sobresalió de las demás para la mayoría de los espectadores de entonces, quizás, por lo que todos habíamos visto durante el año. De camino a las eliminatorias, los Cuervos habían enfrentado a los Patriots en un partido anterior. El partido había sido en el comienzo de la temporada, pero también en el final de una vida.

El hermano menor de Smith, Tevin, había muerto trágicamente en un accidente de motocicleta a menos de veinticuatro horas antes del partido de los Cuervos contra los Patriots. Y, aunque los dueños de los Cuervos le dieron a Smith la posibilidad de no participar del partido, él decidió hacerlo, en cambio, para honrar la memoria y la vida de su hermano. Fue un honor que Smith concretó bien, atrapando seis pases de 116 metros, incluida una anotación cuando solo faltaban cuatro minutos para el final del partido. Esa anotación dejó a los Cuervos a solo dos puntos de los Patriots, a quienes los Cuervos pasaron a eclipsar con gol de campo. Los Cuervos ganaron ese partido por solo un punto, y Smith se ganó el corazón de los espectadores en todas partes.

Por eso, cuando voló para atrapar aquel pase en el Supertazón, tantos meses después, para la mayoría de los que estábamos viéndolo fue más que un pase para acomodar una anotación. Fue también un signo de exclamación como tributo al hermano que le habían arrebatado tan pronto.

Pero la gloria desaparece y los trofeos quedan sobre la repisa de la chimenea, fuera de la vista. Una nueva temporada comienza. Los equipos venden a los jugadores. Y pronto Smith ya no era más un Cuervo. Pronto llegó otro pájaro gritando su nombre. Le dieron el mismo número, pero un color nuevo y un nuevo equipo para el cual jugar: las Águilas.

Al verse una vez más en una nueva ronda de partidos de la División y del Campeonato, Smith continuó elevándose. A pesar de los detractores, quienes durante la temporada dijeron que no había estado a la altura de las expectativas, él sabía quién era. Sabía lo que podía hacer. Sabía cómo descansar en la realidad de la verdad.

—No estoy para nada preocupado —le dijo Smith a un reportero poco antes de que comenzara la temporada de las eliminatorias[2]. Luego de haber pasado siete partidos completos sin atrapar más lejos de diez metros, Smith no contaba con muchos otros que tuvieran la misma convicción que él. La gente sí se preocupó. Los fanáticos sí se inquietaron. Los reporteros sí lo juzgaron. Dijeron que Smith no estaba a la altura de las expectativas. No obstante, él lo tenía en claro. Sabía que había estado abriéndose, pero que las jugadas iban por otros caminos. Y, aunque era fácil acobardarse ante la negatividad y la decepción provocada por las expectativas insatisfechas a los ojos de los demás, Smith prefirió enfocarse en lo único que él sabía que era verdad.

Claro, él podría haberse concentrado en las voces que lo rodeaban. Pero decidió no hacerlo.

Usted también puede elegir. Yo entiendo que hacer esa elección no es fácil. Son fuertes las voces que claman por su atención. La presión es real en las tensiones crecientes de la vida. Pero cuando usted decide enfocarse en lo que sabe que es verdad (en lo que la Palabra de Dios dice sobre él y en lo que dice sobre usted), usted tampoco tiene que preocuparse. Igual que el número 82.

Era el partido de la eliminatoria de la Divisional. Las Águilas eran los más débiles. Los otros pájaros, los Halcones, eran los favoritos para ganar. Los sesenta minutos eran muy reñidos, pero había una jugada que pudo haber cambiado todo en un instante. Fue un mal pase del mariscal de campo de las Águilas. Al verlo, usted podría haber pensado que sería una intercepción fácil, posiblemente, incluso un retorno para una anotación. Un cambio de impulso, sin duda. Pero, de alguna manera, el balón rebotó en la rodilla del potencial interceptor y siguió subiendo en el aire mientras los fanáticos de las Águilas en todas partes contuvieron al unísono la respiración. Las escenas retrospectivas de la Recepción Inmaculada en una eliminatoria Divisional pasada sin duda recorrieron la mente de aquellos que, en ese momento, vieron que el balón, de alguna manera, aterrizó en las manos del muy bien preparado y muy entusiasta jugador de las Águilas llamado Smith.

Hasta ese momento, las Águilas se habían arrastrado hacia arriba. La intercepción y el retorno por parte de los favoritos, los Halcones, podrían haber resultado, como mínimo, devastadores. Pero con la asombrosa habilidad de Smith para mantenerse alerta a una jugada que había salido mal, agarró el balón alto y voló campo arriba para ganar. Las Águilas ganaron ese partido por solo cinco puntos.

Luego, en otro partido del Campeonato contra los también favoritos Vikingos, Smith participó de una jugada que no había sido practicada y que no tenía precedentes llamada *flea-flicker*. Esta *flea-flicker* fue tan inesperada que cuando el mariscal de campo debió ser llamado para el siguiente reemplazo, dijo que tuvo que «hacer el esfuerzo para no sonreír. [...] Era mi primera vez, así que tuve que hacer un esfuerzo para no sonreír»[3]. La jugada misma se disparó sin contratiempo alguno, pese a que nunca había sido practicada, ni siquiera en los entrenamientos. El pase a Smith derivó una vez más en un salto increíble y una atajada en la esquina de la zona de anotación mientras aterrizaba sobre el propio pilón. Esa atajada levantó lo suficiente a los pájaros para lograr una cómoda ventaja hasta que ganaron.

Los fanáticos acuñaron la frase «Vuelen, las Águilas vuelen» por esta marca del Supertazón, lo cual es exactamente lo que Smith podía hacer. ¿Y por qué podía? ¿Por qué un jugador que no había sido capaz de atrapar ningún pase de más de diez metros durante los siete partidos anteriores pudo desplegar dos jugadas asombrosas? Todo fue porque, al comienzo de la temporada, cuando el ruido de los inconformistas resonaba cual cánticos atronadores, él había tomado una decisión. Había decidido no preocuparse. Para nada.

Usted tiene la posibilidad de tomar la misma decisión. Depende de usted. Lo animo a hacerlo. Jesús le ordena hacerlo. No porque ya no esté rodeado por dificultades. Tampoco porque haya dejado de tener desilusiones. Y no porque sus circunstancias se hayan convertido en algo así como pan comido o sean una fiesta, sino, simplemente, porque usted tomó la decisión de confiar en la verdad que conoce. La verdad de que a Dios usted le importa lo suficiente como para que él lo cuide en todas las formas que necesite que lo haga.

En el acto de incorporar en su mente la perspectiva de Dios, cuando cambie su enfoque por el de los planes de Su reino, descubrirá el poder de Su provisión; esto le dará la libertad para poder volar. Jesús concluye su mensaje sobre no preocuparse con el desafío de buscar primero el reino de Dios y su justicia; Dios se ocupará a partir de ahí. Vivir con la mentalidad del reino le permitirá elevarse en esta vida, a pesar de la oposición y los desafíos que encuentre en su camino, así como seguir elevándose en la eternidad venidera.

Dios tiene un plan para usted. Es un buen plan, lleno de futuro y de esperanza. Puede recorrer el campeonato con él, pero es necesario que deje sus preocupaciones de lado, se enfoque en el cielo y prosiga esforzándose por el objetivo final de Dios. Nunca abandone. Nunca arroje la toalla. Fíjese en la meta y superará las luchas, las dificultades y las pérdidas de esta vida. Usted puede salir adelante. Mantenga la mirada puesta en Jesús y, un día, cuando esté delante de él, descubrirá que cada instante de su entrega a él valió la pena.

Apéndice A

EL FUNDAMENTO DE UN ENFOQUE DEL REINO: LA SALVACIÓN ETERNA

El relato que se encuentra en Lucas 16:19-31 nos ofrece un vistazo de ambos lados del más allá. La historia nos cuenta que había cierto hombre rico que vestía con ropas espléndidas en púrpura y lino fino (¡hilados muy costosos!) y vivía a diario de manera lujosa. Era la envidia de todo el mundo. Si hubiera vivido en la época actual, tendría su domicilio en Beverly Hills y su casa de mil metros cuadrados estaría rodeada por jardines bien cuidados y piscinas deslumbrantes. Sus empleados atenderían todas sus necesidades. En su entrada para autos, encontraría un Mercedes-Benz elegante, para ser usado solo cuando el Rolls Royce estuviera en el taller o para llevarlo y traerlo a su Learjet privado. Este hombre era inimaginablemente rico y no le preocupaba que todo el mundo lo supiera.

El texto también nos habla de otro hombre: un mendigo llamado Lázaro. A diferencia de nuestro hombre rico, Lázaro dependía por completo de los demás para su propia supervivencia.

Este hombre no solo era pobre, además estaba enfermo. Tenía el cuerpo cubierto de úlceras abiertas que no sanaban. Sus heridas estaban demasiado infectadas para cicatrizar. Además, los perros pasaban todos los días y las lamían. Ciertamente, es una imagen asquerosa; lo peor de la miseria humana.

El pobre Lázaro no podía ni mendigar sin ayuda; tenían que llevarlo a la puerta de la casa del rico. Al parecer, era un lugar con mucho tráfico peatonal. De hecho, no se puede mendigar donde no hay gente.

Pero Lázaro tenía otras motivaciones. Se nos dice que anhelaba alimentarse con las migas que caían de la mesa del rico. En otras palabras, es probable que Lázaro se haya puesto en contacto con un sirviente de la casa del rico. «Escucha, cuando saques la basura, pasa junto a mí», pudo haber dicho. «Deja los restos al lado de la puerta; esa será mi cena». Eso sí que es ser pobre.

Con el tiempo, ambos hombres murieron. No pase por alto la importancia de esa breve oración. Los dos murieron. El tiempo tiene la costumbre de hacerles eso a las personas, y nadie está exento. Lo cierto es que usted morirá. No importa cuántos kilómetros corra o cuán equilibrada sea su alimentación; usted va a morir. Es irrelevante cuán saludable se sienta, dónde viva, cuánto gane o qué eminencia sea su médico. Tarde o temprano, su hora, así como la mía, llegará.

Volviendo a nuestra historia, la muerte del rico ciertamente fue noticia. El fallecimiento de un hombre tan poderoso debe haber tenido consecuencias para toda la comunidad. ¿Se imagina la multitud que asistió a su funeral? Casi puedo imaginar una cola de Cadillacs lustrosos, escoltados por un grupo de policías motorizados abriéndoles el paso y apartando el tráfico a un costado.

Por otra parte, es probable que Lázaro haya sido arrojado a una fosa y cubierto con tierra.

Ahora bien, no se confunda: a pesar de las enormes diferencias que había entre ellos, ambos hombres murieron por igual.

Tomar consciencia de nuestra mortalidad debería incentivarnos para mantenernos enfocados en los objetivos y en los valores eternos. Nos recuerda que cuando nuestra vida terrenal concluye, comienza nuestra vida eterna. Es decir, la muerte no es el punto final en la oración de la vida. Es una conjunción que une el tiempo con la eternidad. El tema que nos ocupa es este: ¿qué dice la oración después de la conjunción?

Una lápida que hay en un cementerio centenario dice: «Detente, desconocido, cuando pases junto a mí. Como tú eres ahora, así fui yo una vez. Como estoy ahora, así también estarás tú. Así que prepárate para la muerte y sígueme».

Un visitante desconocido añadió estas líneas: «¡Tener que seguirte no sé si debe ponerme triste, a menos que sepa a dónde fuiste!».

Es esta precisa encrucijada donde nuestra historia da un giro interesante. Luego de la muerte de Lázaro, Dios envió algunos ángeles para acompañarlo al seno de Abraham. ¿Era la consecuencia de su pobreza? No. ¿Fue a causa de su sufrimiento? No. Fue el fruto de su fe. Verá, el nombre «Lázaro» deriva del nombre «Eleazar», el cual significa «Dios ha ayudado». Cuando Jesús contó esta historia de un hombre llamado Lázaro, no describió simplemente a un hombre pobre y enfermo, sino a un hombre a quien Dios había ayudado.

—Vaya ayuda —podría decir usted. —Estaba arruinado, enfermo, dependía por completo de otros... y Dios ni siquiera lo protegía de los perros. ¿Qué clase de ayuda es esa?

Jesús no se refería a la salvación física; fue a lo profundo. Dentro de ese cuerpo de piel infectada había un hombre al que Dios había visitado en fe. Su vida en este mundo fue una tragedia, pero sabía mucho sobre el mundo venidero. Lázaro fue un hombre que conoció a Dios.

¿Y qué pasó con el rico? ¿Qué logró su opulencia? El relato dice que, apenas cerró los ojos en su muerte, se encontró atormentado en el infierno. Sin purgatorio, nada de «descansar en su tumba», sin segundas oportunidades, sin opciones.

Entonces, el hombre que había sido rico hizo algo sorprendente. Miró hacia arriba y vio a Abraham, a lo lejos, en el cielo, consolando a Lázaro. Hay una revelación importante metida entre estas escasas palabras. Fíjese que el hombre tenía ojos: sus propios ojos. Tenía una mente: su propia mente, y tenía sus recuerdos y sus sensaciones intactas.

Cuando morimos, la esencia de la vida que Dios puso en nosotros (llamada alma) es extraída del cuerpo, el cual ya no puede seguir funcionando. En ese punto, parece que Dios trasplanta nuestra alma en una especie de complexión nueva que, en muchos sentidos, es similar a nuestro cuerpo. Esta nueva complexión puede ver, hablar, pensar, sentir... posee una realidad física.

¿Quiere saber qué tan real era esa realidad? El hombre rico gritó: «¡Padre Abraham, ten piedad! Envíame a Lázaro para que moje la punta de su dedo en agua y refresque mi lengua. Estoy en angustia en estas llamas» (Lucas 16:24). El hombre se quemaba, pero no se consumía. Ni toda el agua de todos los océanos podía extinguir esas llamas. A pesar de eso, suplicó recibir el roce de un dedo húmedo, como si eso pudiera marcar una diferencia en la eternidad.

Y eso no fue todo. La infelicidad del infierno no es solo lo que usted siente, sino lo que ve. ¿Se imagina la tortura de ver el cielo, y no poder acercarse a él? Qué devastador ver a los amigos, a los seres queridos (incluso, a los enemigos) celebrando en la presencia del Señor mientras usted se pudre en el tormento eterno.

Con razón el hombre suplicaba misericordia. Lamentablemente, ni toda la lástima del mundo pudo ayudarlo. Abraham le explica:

> Hijo, recuerda que tuviste todo lo que quisiste durante tu vida, y Lázaro no tuvo nada. Ahora él está aquí recibiendo consuelo y tú estás en angustia. Además, hay un gran abismo que nos separa. Ninguno de nosotros puede cruzar hasta allí, y ninguno de ustedes puede cruzar hasta aquí.
>
> LUCAS 16:25-26

¿Por qué Dios interpuso un «Gran Cañón» entre el cielo y el infierno? ¿Por qué será que después de veinte mil años de tormento usted aún no podría romper la distancia? ¿Por qué aun después de un millón de años no lograría ser transferido?

Piense en el libro de Génesis. ¿Recuerda el árbol de la vida? Cuando Adán y Eva pecaron, fueron eliminados del Jardín. En la entrada, Dios apostó ángeles con espadas ardientes para asegurarse de que no pudieran entrar y comer de aquel árbol (Génesis 3:24). Si lo hubieran hecho, los impenitentes Adán y Eva hubieran tenido acceso al cielo, y todo el cielo se habría contaminado por el pecado. Obviamente, el Dios sin pecado no podía permitir que eso sucediera. Tenía que bloquear la entrada para garantizarlo. Por esa razón, se estableció un abismo. Cuando usted muere, termina de un lado del abismo para siempre.

El hombre rico ahora está irremediablemente atascado en el lado equivocado. Se quedó allí, con su aflicción y sus recuerdos. «Recuerda» le dijo Abraham.

En el infierno, recordará dónde se equivocó en la tierra. Y los detalles serán bastante específicos. El hombre rico finalmente se dio cuenta de que su destino estaba decidido. A esa altura, se acordó de sus seres queridos que todavía estaban en la tierra. «Entonces el hombre rico dijo: "Por favor, padre Abraham, al menos envíalo [a Lázaro] a la casa de mi padre. Tengo cinco hermanos y quiero advertirles que no terminen en este lugar de tormento"» (Lucas 16:27-28).

Yo he escuchado a algunos decir: «No me importa ir al infierno; allí es donde estarán todos mis amigos. ¡Será una fiesta tremenda!». Ay, si pudiera saber algo de ellos ahora. No hay fiestas ni buenos tiempos ni amigos. No hay nada de amor, paz ni consuelo; solo hay alaridos suplicando misericordia. ¿Cómo reaccionaría usted si pudiera escuchar sus advertencias?

Abraham respondió a los ruegos del rico: «"Moisés y los profetas ya les advirtieron. Tus hermanos pueden leer lo que ellos escribieron". El hombre rico respondió: "¡No, padre Abraham! Pero si se les envía alguien de los muertos ellos se arrepentirán de sus pecados y volverán a Dios". Pero Abraham le dijo: "Si no escuchan a Moisés y a los profetas, no se persuadirán por más que alguno se levantara de los muertos"» (Lucas 16:29-31).

«Envía un milagro». Eso es lo único que anhelamos: una prueba irrefutable, tangible y visible de que Dios es quien dice ser. ¿No le parece lógico esto? Lo escucho todo el tiempo cuando testifico a las personas: «Si Dios _____ (llene el espacio en blanco), ¡yo creeré!».

Lo cierto es que nuestra vida está atiborrada de milagros, y aun así no creemos. La complejidad del cuerpo humano es un milagro, pero hacemos la vista gorda ante el aborto. El funcionamiento del universo es un milagro; no obstante, los científicos no pueden ver la mano de Dios y, en cambio, se aferran a una teoría ridícula que asegura que, nada más nada, se convierte en algo.

En Juan 11:38-44, otro hombre llamado Lázaro de hecho regresa de la muerte, resucitado por Jesús. ¿Acaso los judíos se arrepintieron? Al contrario, quisieron matar a Lázaro y empezaron a planear la muerte de Jesús, también (Juan 12:9-11).

Resulta que Abraham tenía razón. Si la persona no quiere escuchar la Palabra, no hay milagro en el universo que alcance para hacerlo creer. Volvamos a lo que nos dice la Palabra.

La Palabra de Dios declara que el destino eterno del hombre depende de lo que hace con Jesucristo. Su Palabra nos dice que Jesucristo es el Hijo de Dios, quien se hizo hombre y que sufrió en la cruz, murió y resucitó para salvarnos del infierno. La Palabra nos enseña que, de la misma manera que la abeja pierde su aguijón, así la muerte perdió su aguijón cuando hirió a Jesús. La Palabra proclama que todo aquel que viene a Jesús por la fe puede vivir.

No se equivoque. Lo que impidió la entrada del hombre rico al cielo no fue su riqueza. Tampoco la pobreza en sí le otorgó la recompensa a Lázaro. Cada uno había decidido creer o no creer. Cada uno de nosotros enfrenta la misma decisión.

Puesto que tenemos la libertad de elegir a Cristo, no hay razón alguna para que ningún ser humano vaya al infierno. Sin embargo, el infierno sigue siendo nuestro destino hasta el momento en que le entregamos nuestra vida al Salvador sin condición.

Ninguna otra decisión en la vida merece más atención que esta. Nuestra elección afecta no solo nuestra vida en la tierra, sino también nuestro futuro eterno. Y «para siempre» es mucho, muchísimo tiempo.

Imagine vaciar toda el agua del océano Pacífico y reemplazarla por arena. Luego, apile esa arena en una montaña hasta llegar a la altura del monte Everest. Ahora, imagine un pájaro que vuela una vez cada cinco mil años y en cada viaje lleva un grano de arena. Cuando el pájaro finalmente regrese por el último grano de arena, en la eternidad habrá transcurrido un segundo.

Deuteronomio 30:19-20 dice: «Hoy te he dado a elegir entre la vida y la muerte, entre bendiciones y maldiciones. Ahora pongo al cielo y a la tierra como testigos de la decisión que tomes. ¡Ay, si eligieras la vida, para que tú y tus descendientes puedan vivir! Puedes elegir esa opción al amar, al obedecer y al comprometerte firmemente con el Señor tu Dios».

Siga el ejemplo de Lázaro. Si todavía no lo hizo, elija la vida confiando en el Señor Jesucristo como su único Salvador del pecado. Si quisiera saber cómo hacerlo, lo acompañaré a través de un sencillo esquema para explicárselo. Si usted ya es salvo, puede que quiera leer esto para saber cómo presentar el evangelio a otra persona.

El esquema por el cual voy a guiarlo no es de mi autoría. No lo descubrí; simplemente, lo desarrollo. Se llama el «Camino de los romanos». Es bastante simple, pero cuando usamos pasajes clave del libro de Romanos podemos delinear todo lo que un hombre o una mujer necesita saber para recibir la salvación en Jesucristo.

El problema

Pues todos hemos pecado; nadie puede alcanzar la meta gloriosa establecida por Dios.

ROMANOS 3:23

La salvación es la *buena noticia*, pero nos llega en un contexto de malas noticias. La mala noticia es que todos somos pecadores. Ningún hombre o mujer del planeta tierra (pasado, presente o futuro) está libre de pecado.

La palabra griega para «pecado» significa, literalmente, «errar el tiro». Representa al arquero que echó atrás la cuerda, soltó la flecha, pero no acertó el blanco. De manera similar, el pecado implica no alcanzar el objetivo. ¿Cuál es el objetivo? El versículo que acabamos de ver nos dice: «todos hemos pecado; *nadie puede alcanzar la meta gloriosa establecida por Dios*» (énfasis añadido). El pecado es no poder alcanzar la gloria de Dios: su modelo.

Para ayudarlo a entender este concepto, debo atacar un mito popular que mantienen los medios de comunicación, la comunidad literaria y, a veces, la iglesia misma. La fábula es que el pecado se puede medir por grados. Muchos consideramos a los criminales como pecadores de primer nivel, mientras que los que decimos algunas mentiritas piadosas somos pecadores de poca monta. Parece lógico creer que los que están en la cárcel del condado no han cometido pecados tan graves como los que están en la penitenciaría estatal. Pero, desde la perspectiva de Dios, el pecado se ve bastante diferente.

En las Escrituras, el pecado no se mide por grados. Alcanzamos la meta gloriosa establecida por Dios o no. Como toda la cuestión del pecado gira en torno a este punto, asegurémonos de entender nuestra meta.

La palabra *gloria* está relacionada con algo que se exhibe, algo de lo cual se alardea. Pecar es no alcanzar el objetivo, y «el objetivo», en este caso, es exhibir adecuadamente a Dios. Cuando consideramos el asunto desde este punto de vista, lo que entendemos sobre el pecado empieza a cambiar. Cada vez que hicimos algo que no muestra con exactitud quién y qué es Dios, cada vez que fallamos en reflejar el carácter de Dios, pecamos.

Cuenta la historia que dos hombres exploraban una isla cuando, de pronto, un volcán hizo erupción. En instantes, los dos se vieron rodeados por lava líquida. A varios metros de distancia había un espacio abierto y un sendero para ponerse a salvo. Sin embargo, para llegar ahí tendrían que saltar por arriba del río de piedras derretidas. El primer caballero era un anciano activo, pero difícilmente un espécimen físico destacado. Corrió lo más rápido que pudo, dio un salto admirable, y apenas se desplazó unos centímetros. Tuvo una muerte rápida en la lava recalentada.

El otro explorador era un hombre mucho más joven y viril, con un excelente estado físico. De hecho, el record universitario que había marcado en el tablero de salto siguió intacto hasta ese día. Puso toda su energía en la carrera, dio un salto perfecto y batió su propia marca universitaria. Lamentablemente, aterrizó bastante lejos del espacio despejado. Aunque queda claro que el hombre más joven había superado a su compañero, ambos terminaron muertos por igual. La supervivencia era tan inalcanzable que la capacidad se volvió intrascendente.

Los grados de «calidad» pueden ser importantes cuando se trata de contratar un empleado o de elegir vecinos. Pero cuando la cuestión es el pecado, el único estándar que importa es la santidad perfecta de Dios. La cuestión no es cómo medirse contra tal o cual, sino cómo ser lo suficientemente bueno para Dios. La norma de Dios es la rectitud perfecta y es una norma que ni siquiera la persona de mejor conducta ni la más honesta moralmente puede alcanzar.

El castigo

Por tanto, tal como el pecado entró en el mundo por un
hombre, y la muerte por el pecado, así también la muerte se
extendió a todos los hombres, porque todos pecaron.
ROMANOS 5:12, LBLA

Mientras lee este pasaje, es posible que piense: «Si el pecado entró en el mundo a través de un hombre (Adán), no es justo que se nos castigue al resto de los seres humanos». Pero la muerte se extendió a todos los seres humanos porque «todos pecaron». No somos castigados simplemente porque Adán pecó, sino porque heredamos la propensión a pecar de Adán y nosotros mismos hemos pecado.

¿Alguna vez notó que no necesita enseñarles a sus hijos cómo pecar? ¿Se imagina sentarse con su hijo y decirle: «Así se miente con éxito» o «Déjame que te enseñe cómo ser egoísta»? Esas cosas vienen naturalmente.

Permítame dar otro ejemplo para ilustrarlo ¿Ha visto alguna manzana con un agujerito? Si fue así, no la coma. La presencia del agujero implica que puede haber gusanos allí adentro, esperándolo.

Ahora bien, la mayoría no sabe cómo se las arregló el gusano para instalarse a vivir en la manzana. Piensan que el gusano un día iba reptando y decidió perforar la cáscara exterior de la fruta y fijar su morada ahí adentro. Sin embargo, no es así como sucede. Los gusanos son incubados a partir de las larvas que caen sobre las flores del manzano. La flor se convierte en un brote, y el brote se convierte en un fruto. La manzana literalmente crece alrededor del gusano que aún no nació. El agujero es lo que queda cuando el gusano nace y excava para salir.

De la misma manera, la semilla del pecado está dentro de cada uno de nosotros desde el nacimiento. Aunque la evidencia del pecado puede demorar un tiempo en salir a la superficie, está allí y, a la larga, revelará su presencia.

El pecado exige un castigo. El castigo, de acuerdo con las Escrituras, es la muerte. Eso significa la muerte física (en la cual el alma se separa del cuerpo) y la muerte espiritual (donde el alma se separa de Dios).

La provisión

Pero Dios mostró el gran amor que nos tiene al enviar a Cristo
a morir por nosotros cuando todavía éramos pecadores.

ROMANOS 5:8

Hay dos palabras que son muy poderosas cuando se unen: *pero Dios*. Esas palabras pueden revolucionar cualquier situación. «Mi matrimonio se desmorona. Pero Dios...». «Mi esposo nos abandonó y mis hijos están fuera de control. Pero Dios...». «No tengo trabajo, ingresos ni futuro. Pero Dios...». Dios puede restaurar cualquier situación. Él es más grande y más poderoso que cualquier dificultad o aprieto de la vida, con o como consecuencia del pecado.

«Soy un pecador condenado a la separación eterna de Dios. Pero Dios...». Esas mismas palabras resumen la Buena Noticia para cada uno de nosotros. Aun cuando todavía éramos pecadores, Dios demostró su amor por nosotros enviando a Jesucristo para que muriera en nuestro lugar.

Es asombroso que Dios nos amara tan profundamente. Por supuesto que no hemos hecho nada para merecerlo. Pero el asombro es más profundo cuando tiene en cuenta la importancia del sacrificio de Jesús en el Calvario.

Porque no cualquiera podía morir por la paga del pecado. Ya sabe: todos hemos pecado. Por lo tanto, ninguno podía morir para asumir la paga del pecado. Cada uno tiene su propio precio por pagar. Quienquiera que nos salvara debía estar perfectamente libre de pecado.

Un día, dos hermanos jugaban en el bosque cuando, casi inesperadamente, una abeja se acercó volando y picó al mayor en la mano. Él lanzó un grito de dolor. Mientras el hermano menor miraba horrorizado, la abeja empezó a zumbar alrededor de su cabeza. Aterrado, gritó:

—¡La abeja me atacará!

Recuperando la compostura, el hermano mayor dijo:

—Esa abeja no puede lastimarte; ya me picó a mí.

La Biblia dice que esto fue precisamente lo que sucedió en el Calvario. Dios lo ama tanto que dejó el cielo en la persona de Jesucristo y aceptó el «aguijón de la muerte» en lugar de usted en el Calvario. Jesús fue colgado en la cruz no por su propio pecado, sino por mi pecado y el de usted. Porque Jesucristo no tiene pecado, su muerte pagó el castigo por todos nosotros.

¿Cómo sabemos que la muerte de Jesús en la cruz en realidad se ocupó del problema del pecado? Por lo que sucedió aquella mañana de domingo, hace tanto tiempo. Esa mañana, cuando María Magdalena llegó a la tumba de Jesús, no pudo encontrarlo. Vio a alguien y pensó que era un jardinero. Le preguntó dónde habían llevado el cuerpo del Señor. Cuando el jardinero se dio vuelta y se retiró el manto, María dio un grito ahogado de asombro. Era Jesús.

De hecho, según 1 Corintios 15:6, más de quinientas personas vieron personalmente al Cristo resucitado antes de que ascendiera al cielo.

Soy cristiano hoy porque la tumba está vacía. Si no fuera por la resurrección, nuestra fe sería vacía e inútil. Como dijo el apóstol, si Jesús no resucitó, somos los más dignos de lástima del mundo (1 Corintios 15:19). Pero el hecho es que Jesús *sí* resucitó. ¿Y ahora qué hacemos?

El perdón

Si confesares con tu boca que Jesús es el Señor, y creyeres en tu corazón que Dios le levantó de los muertos, serás salvo. Porque con el corazón se cree para justicia, pero con la boca se confiesa para salvación.

ROMANOS 10:9-10, RVR60

Si las buenas obras pudieran salvar a alguien, no hubiera tenido sentido la muerte de Jesús. Sin embargo, Jesús sabía que no podíamos pagar el costo del pecado. Es por eso que su sacrificio fue imprescindible. Para que su sacrificio garantice nuestro perdón, debemos confiar en él para nuestra salvación.

Creer en Jesús significa mucho más que creer acerca de Jesús. Tener información sobre su vida y su muerte es mero «conocimiento intelectual». Creer en Jesús requiere que pongamos en práctica ese conocimiento. Significa confiar, tener una total seguridad, no tener nada más para agregar. Sin saberlo, usted ilustra este concepto cada vez que toma asiento. Desde el momento que usted le confía su peso a una silla, ha «creído en» que esa silla lo aguantará. Muchos tenemos tanta fe en las sillas que, a pesar de nuestro peso, nos ubicamos de inmediato en ellas sin pensarlo dos veces.

Si se filtra un dejo de duda, usted puede afianzarse agarrándose de algo con la mano o manteniendo las piernas hacia atrás y apoyando solo una parte de su peso en la silla. Eso es lo que hacen muchas personas con la salvación. Están razonablemente seguros de que Jesús es quien dijo que es. Sin embargo, «cubren todos los frentes» confiando en sus esfuerzos, en sus tradiciones eclesiásticas, o en cualquier otra cosa que puedan hacer.

Debe entender que si depende de cualquier otra cosa, además de Jesús para su salvación, lo que en realidad está diciendo es que Jesucristo no es suficiente. Dios está esperando que usted entregue todo el peso de su existencia a Jesucristo y a lo que él hizo en la cruz. Todo su destino eterno debe apoyarse en él.

Usted podrá decir: «Pero mi mamá era cristiana. Y ella oró por mí». Alabado sea Dios. ¿Y qué hay de usted? El cristianismo no tiene nada que ver con su herencia. Tampoco tiene nada que ver con el nombre de la iglesia a la cual asiste. Se trata del hecho de si ha depositado personalmente la confianza absoluta en la sola obra de Cristo.

¿A dónde voy después de aquí?

¿Alguna vez le ha confesado su pecado a Dios y confió solo en Jesucristo para su salvación? Si no lo ha hecho, no hay mejor momento que ahora mismo.

Todo comienza con una simple oración. Las palabras exactas no son lo importante. Lo que importa es su sinceridad. Aquí tiene un ejemplo:

Amado Jesús: Confieso que soy un pecador. No he reflejado tu gloria y merezco el castigo que resulta del pecado. Jesús, creo que tú eres santo y que no tienes pecado, que moriste en la cruz del Calvario y que resucitaste para otorgarme la salvación. Ahora pongo toda mi confianza en ti como mi Salvador. Por favor, perdóname por mis pecados y concédeme la vida eterna. Gracias por salvarme. Quiero vivir mi vida para ti. Amén.

Si dijo esta oración por primera vez, quiero darle la bienvenida a la familia de Dios. Hable con su pastor o con un amigo cristiano. Póngalos al tanto de su decisión para que puedan alentarlo y ayudarlo a crecer en su nueva fe. Busque una iglesia que enseñe la Biblia y participe en ella de inmediato. ¡Tiene por delante un enfoque nuevo! Acaba de dar el primer paso en un viaje asombroso y eterno.

Apéndice B
LA ALTERNATIVA URBANA

La Alternativa Urbana (TUA, por su sigla en inglés) prepara, empodera y une a los cristianos para impactar a *los individuos, las familias, las iglesias y las comunidades*, a través de una cosmovisión profundamente marcada por los planes del reino. Al enseñar la verdad, procuramos transformar vidas.

El meollo de los problemas que enfrentamos en nuestra vida personal, en nuestro hogar, en nuestra iglesia y en la sociedad es espiritual; por lo tanto, la única manera de abordarlo es espiritualmente. Hemos probado con una agenda política, social, económica e, incluso, una agenda religiosa.

Ahora es el momento de la *agenda del reino*.

La agenda del reino puede definirse como la manifestación visible del gobierno integral de Dios sobre cada área de la vida.

El tema central y unificador a lo largo de la Biblia es la gloria de Dios y el avance de su reino. El hilo conductor desde Génesis hasta Apocalipsis (desde el comienzo hasta el fin) se enfoca en una cosa: la gloria de Dios mediante el avance del reino de Dios.

Si usted no reconoce este tema, la Biblia pasa a ser una colección de historias inconexas, muy buenas para inspirar pero que parecen no tener relación con un propósito y una dirección. Entender el papel del reino en las Escrituras aumenta la relevancia de este texto de varios miles de años para nuestra vida cotidiana porque el reino no solo fue en aquel entonces; es ahora.

La falta de la influencia del reino en nuestra vida personal, en la vida familiar, en las iglesias y en las comunidades ha llevado a un deterioro de inmensas proporciones de nuestro mundo:

- Las personas viven su vida de manera segmentada y compartimentada porque les falta la cosmovisión del reino de Dios.

- Las familias se desintegran porque existen para su propia satisfacción más que para el reino.

- El alcance de las iglesias se ve limitado porque no llegan a comprender que el objetivo de la iglesia no es la iglesia en sí misma, sino el reino.

- Las comunidades no tienen dónde acudir para hallar soluciones reales para las personas con problemas reales porque la iglesia está dividida, cerrada y es incapaz de transformar el panorama cultural y político de cualquier manera relevante.

La agenda del reino nos ofrece una manera de ver y de vivir la vida con una esperanza sólida, optimizando las soluciones del cielo. Cuando Dios deja de ser la norma definitiva y autoritativa que influye todo lo demás, el orden y la esperanza se van con él. Pero lo opuesto a ello también es cierto: siempre que usted tenga a Dios, tiene esperanza. Si Dios todavía tiene que ver con la situación y si su agenda aún está en discusión, la cosa no se terminó.

Aunque las relaciones se desmoronen, Dios lo sostendrá. Aunque sus finanzas se reduzcan, Dios lo guardará. Aunque los sueños mueran, Dios lo revivirá. Si Dios y su potestad todavía son la norma dominante en su vida, en su familia, en su iglesia y en su comunidad; siempre hay esperanza.

Nuestro mundo necesita la agenda del Rey. Nuestras iglesias necesitan la agenda del Rey. Nuestras familias necesitan la agenda del Rey.

Hemos estructurado un plan en tres partes para que nos guíe a sanar las divisiones y para esmerarnos por la unidad, en la medida que avanzamos hacia la meta de ser una nación en verdad sometida a Dios. Este plan de tres partes nos llama a congregarnos con otros en unidad, a tratar los problemas que nos dividen y a actuar en conjunto para influir en la sociedad. Siguiendo este plan, veremos a individuos, familias, iglesias y comunidades transformadas, en la medida que cumplamos la agenda del reino en cada área de nuestra vida. Puede solicitar este plan por correo electrónico, escribiendo a info@tonyevans.org o contactándose a TonyEvans.org.

En muchas ciudades grandes, hay una circunvalación que los conductores pueden tomar cuando quieren llegar a alguna parte del otro lado de la ciudad, pero no necesariamente desean pasar por el centro. Esta circunvalación lo acercará lo suficiente a la ciudad como para que pueda ver los edificios imponentes y el paisaje urbano, pero no tan cerca como para que en realidad pase entre ellos.

Esto es precisamente lo que nosotros, como cultura, hemos hecho con Dios. Lo hemos puesto en la «circunvalación» de nuestra vida personal, familiar, eclesiástica y comunitaria. Él está a nuestra disposición en caso de que lo necesitemos en una emergencia, pero lo suficientemente lejos como para que no pueda ser el centro de quiénes somos.

Queremos a Dios en la «circunvalación», no al Rey de la Biblia que llega hasta el centro de los caminos de nuestro corazón. Dejar a Dios en la «circunvalación» produce consecuencias nefastas como las que hemos visto en nuestra vida y con los demás. Sin embargo, cuando Dios y su potestad sean el eje central de todo lo que pensamos, hacemos o decimos, será cuando lo experimentemos como él anhela que lo hagamos.

Él quiere que seamos personas del reino, con una mentalidad del reino decidida a llevar a cabo los propósitos de su reino. Pretende que oremos como lo hizo Jesús: «Quiero que se haga tu voluntad, no la mía». Porque suyo es el reino, el poder y la gloria.

Hay un solo Dios, y nosotros no somos él. Como Rey y Creador, Dios lleva la batuta. Únicamente cuando nos alineemos bajo su mano abarcadora, tendremos acceso a todo su poder y toda su autoridad, en todas las esferas de la vida: personal, familiar, eclesiástica y gubernamental.

Cuando aprendamos cómo sujetarnos a Dios, transformaremos las instituciones de la familia, la iglesia y la sociedad usando la cosmovisión del reino fundamentada en la Biblia.

Sometidos a él, tocamos el cielo y cambiamos la tierra.

Para lograr nuestra meta, utilizamos una variedad de estrategias, métodos y recursos para alcanzar y preparar a tantas personas como sea posible.

Medios audiovisuales

Millones de personas viven la experiencia de *The Alternative with Dr. Tony Evans* (*La Alternativa con el Dr. Tony Evans*), a través del programa radial que se transmite a diario en unas mil cuatrocientas entregas radiales y en alrededor de ciento treinta países. La transmisión también puede verse en varias cadenas de televisión y está disponible en Internet en el sitio TonyEvans.org. Además, puede escuchar o ver el programa diario descargando la aplicación gratuita Tony Evans, en la *App store*. Cada año, se producen unos treinta millones de descargas/transmisiones.

La capacitación del liderazgo

El *Tony Evans Training Center* (Centro de Capacitación Tony Evans; TETC, por su sigla en inglés) facilita una plataforma completa para el discipulado, la cual provee un programa educativo que expresa la filosofía ministerial del Dr. Tony Evans, según lo expresado por medio de la agenda del reino. Los cursos de capacitación se enfocan en el desarrollo del liderazgo y del discipulado en las siguientes cinco líneas:

- Biblia y teología
- Desarrollo personal
- Familia y relaciones
- Sanidad de la iglesia y desarrollo del liderazgo
- Estrategias de impacto en la sociedad y en la comunidad

El programa del TETC incluye cursos para estudiantes locales, en línea. Además, la programación del TETC incluye cursos para los asistentes no estudiantes. Los pastores, líderes y laicos cristianos, tanto locales como a distancia, pueden buscar la Certificación de la Agenda del Reino para el desarrollo personal, espiritual y profesional. Para más información, visite el sitio TonyEvansTraining.org.

La *Kingdom Agenda Pastors* (Pastores para la Agenda del Reino, KAP por su sigla en inglés) proporciona una *red viable* para *pastores con ideas afines* que adoptan la filosofía de la agenda del reino. Los pastores tienen la oportunidad de profundizar con el Dr. Tony Evans, ya que reciben mayor conocimiento bíblico, aplicaciones prácticas y recursos para llegar a los individuos, las familias, las iglesias y las comunidades. La KAP recibe a *pastores principales y pastores adjuntos* de todas las iglesias. También ofrece una Cumbre anual que se lleva a cabo en Dallas, con seminarios intensivos, talleres y recursos. Para más información, visite KAFellowship.org.

El Ministerio para las Esposas de los Pastores, fundado por la difunta Dra. Lois Evans, brinda *aconsejamiento, aliento y recursos espirituales* para las esposas de pastores que sirven junto con sus maridos en el ministerio. Un enfoque primordial del ministerio es la Cumbre KAP, la cual les ofrece a las esposas de los pastores un lugar seguro para *reflexionar, renovarse y relajarse*, además de recibir formación para el desarrollo personal, el crecimiento espiritual y la atención para su bienestar emocional y físico. Para más información, visite LoisEvans.org.

El impacto de la comunidad del reino

Los programas de evangelismo de La Alternativa Urbana buscan generar un impacto positivo en individuos, iglesias, familias y comunidades a través de diversos ministerios. Consideramos que estos esfuerzos son necesarios para nuestro llamado como ministerio, y esencial para las comunidades a las que servimos. Con la capacitación sobre cómo iniciar y mantener programas para apadrinar escuelas, proveer servicios para los indigentes o colaborar para la unidad y la justicia con los distritos policiales locales (lo cual genera una conexión entre la policía y nuestra comunidad), nosotros, como ministerio, vivimos de manera práctica la agenda del reino de Dios de acuerdo con nuestra *Estrategia del reino para la transformación de la comunidad.*

La *Estrategia del reino para la transformación de la comunidad* es un plan de tres partes que capacita a las iglesias para causar un impacto positivo en sus comunidades, para el reino de Dios. También facilita muchas propuestas prácticas sobre cómo puede implementarse en su comunidad este plan de tres partes, y sirve como modelo para unificar a las iglesias en torno al objetivo común de crear un mundo mejor para todos nosotros. Se ofrece en línea un curso para esta estrategia a través del Centro de Capacitación Tony Evans en: TonyEvansTraining.org /Courses/SCT.

Tony Evans Films da inicio a un cambio positivo de vida mediante videos cortos, animación y largometrajes atractivos. Buscamos establecer discípulos del reino a través del poder de la historia. Utilizamos una variedad de plataformas para el consumo de los espectadores y contamos con alrededor de ciento veinte millones de vistas digitales. También combinamos videos cortos y películas con materiales de estudios bíblicos relevantes para presentar a las personas el conocimiento salvador de Jesucristo y para fortalecer al cuerpo de Cristo en todo el mundo. *Tony Evans Films* estrenó su primer largometraje, *Kingdom Men Rising* (Los hombres del reino se levantan), en abril del 2019 y en casi ochocientas salas de cine de todo el país, asociado con Lifeway Films. El segundo estreno, *Journey with Jesus* (Un viaje con Jesús), es en sociedad con RightNow Media y se estrenó en los cines en noviembre del 2021.

Desarrollo de recursos

Fomentamos asociaciones de aprendizaje permanente con las personas a las que servimos al proporcionar una variedad de materiales publicados. El Dr. Tony Evans ha publicado más de ciento veinticinco títulos originales, los cuales se basan en más de cincuenta años de prédicas, ya sea con el formato de cuadernillos, libros o estudios bíblicos. Además, tiene el honor de haber escrito y publicado el primer comentario y estudio bíblico completos de la autoría de un afroamericano, lanzado en 2019. Esta Biblia se exhibe de manera permanente como una edición histórica en el Museo de la Biblia en Washington D. C.

Para más información, o para solicitar un ejemplar gratuito del boletín devocional del Dr. Tony Evans, llame al (800) 800-3222 o escriba a TUA en P. O. Box 4000, Dallas TX 75208 o visítenos en línea en TonyEvans.org.

NOTAS

1. Emily Russell, «"A Deep Depression after the Olympics". The Challenges Facing Athletes at Home». NPR, 20 de febrero del 2022, https://www.npr.org/2022/02/20/1081945134/a-deep-depression-after-the-olympics-the-challenges-facing-athletes-at-home.
2. Dave Zangaro, «Torrey Smith "Not Worried at All" about Living Up to Eagles' Expectations», *Philadelphia Inquirer*, 7 de diciembre del 2017, http://www.nbcsports.com/philadelphia/eagles/torrey-smith-not-worried-all-about-living-eagles-expectations.
3. Ed Barkowitz, «Inside the Eagles' Nick Foles-to-Torrey Smith Flea-Flicker Touchdown Pass in the NFC Championship Game», *Philadelphia Inquirer*, 22 de enero del 2018, https://www.inquirer.com/philly/sports/eagles/eagles-vikings-nfc-championship-flea-flicker-nick-foles-torrey-smith-sunday-night-20180122.html.